거친 길 위에서, 희망을 쓰다

평범하지만 평범하지 않은 이야기

낙봉 김익수 지음

차례

프롤로그   4
내 75년 삶을 이끈, 선한 영향력

1장 양평 촌놈, 꿈을 향해 한걸음   12
가난, 내 삶의 시작   15
어린 시절 나를 키운 것들   19
어머니의 죽음, '밥순이'가 되어   24
꿈을 위해 고향 탈출   29
자립을 위한 몸부림   32
27세에 결혼, 새로운 출발선에서   37

2장 나는 결코 머무르지 않는다   40
시련과 희망의 교차로에서   42
초원관광과 인연을 맺다   49
근면과 성실이 가져다준 선물   54
조합장에 오르다   59
초원관광 부도, 뒤처리를 자청하다   64

3장 경영에의 도전, 더 넓은 세상을 향한 질주   70
드디어 삼성관광 창업, 내 인생의 변곡점   73
신용 하나로 성장 가도를 달리다   79
'情'의 경영과 근검절약, 신용으로 이룬 과실   83
서울 전세버스 운송사업 조합 활동과 협동조합 운영   86
새로운 도전, 중고차 수출사업의 성공   92
가슴 아픈 가족사, 일로 극복하다   96
나의 영원한 동반자, 유영숙   101

4장 봉사는 나의 힘 　　　　　　　　　　108
부와 성공보다 소중한 것들 　　　　　　　　110
자수정 봉사센터를 이끌다 　　　　　　　　115
탈북민 등 무료 합동결혼식을 치르다 　　　123
'광산김씨' 나의 뿌리이자 본향 　　　　　　127
광산김씨 대종회에서의 활약 　　　　　　　132
인간은 늙어가는 게 아니라 익어가는 것이다 　137

5장 캄보디아 척박한 땅에 꿈을 심다 　　142
해외여행 중 맞닥뜨린 귀한 인연 　　　　　　144
꿈을 이루게 해줄 조력자들 　　　　　　　　149
바탐방에 이르는 길 　　　　　　　　　　　154
바탐방 수영교육원, 이역 땅 캄보디아에 세운 '평생의 소망' 　160
전 재산을 쾌척하다 　　　　　　　　　　　167
더 큰 꿈을 향하여 　　　　　　　　　　　　172

에필로그 　　　　　　　　　　　　　　　176
꿈을 향한 열정은 길을 잃지 않는다

사진으로 보는 캄보디아 수영교육원 히스토리 　184

프롤로그

내 75년 삶을 이끈, 선한 영향력

굵고 성근 눈발이 날리고 있었다. 내가 서 있는 골목의 한쪽 끝은 왕복 8차선이 넘는 대로로 이어졌는데 신기하게도 다니는 차들이 한 대도 없었다. 그 길 반대쪽으로 야트막한 산등성이가 이어졌다. 신기하고도 기이했다. 이처럼 큰 도로와 연결된 골목으로 산이 이어지고 있다니.

산으로 난 작은 오솔길 옆으로 잎이 떨어져 헐벗은 나무들이 병정처럼 늘어서 있었다. 어깨를 서로 맞댄 나무들은 작은 바람에도 심하게 흔들려, 길을 잃은 아이들의 쓸쓸한 배회처럼 보였다. 나무들 사이로 윙윙거리는 바람 소리가 질 나쁜 축음기처럼 재생되고는 이내 멎었다.

눈발이 낙하하는 어둠 속으로 사라지는 산 오솔길을 무심히 쳐다보고 있는데 멀리서 흐릿하게 검고 큼지막한 무엇이, 음험한 무엇이 자꾸만 이쪽으로 다가오는 것 같은 불길한 느낌이 들었다. 그러자 서서히 알 수 없는 두려움이 밀려왔다. 발은 떨어지지 않고 가슴은 콩닥콩닥 뛰는데 그 검은 피사체가 점점 선명해지며 내게로 다가왔다.

눈발은 더욱 거세게 휘날렸고 발목까지 푹푹 빠질 정도로 눈이 쌓여 더욱 움직일 수가 없었다. 소금 결정 같은 눈송이들이 아이 주먹만 한 크기로 나무의 정수리를 덮으며 검은 공간을 하얗게 지우고 있었다.

공포감에 떨군 고개를 들어보니 두려운 피사체는 핏기없는 슬픈 얼굴로 앳된 모습의 한 여인이 되어 눈앞에 서 있었다. 눈보다도 하얀 치마저고리 차림이었는데 치마 중간 부분에 새빨간 피떡이 엉겨 붙어 있었다. 나는 눈을 질끈 감았다.

"……익수야. 얼마나 고생이 많았니? 이젠 걱정할 필요 없어."

떨리지만 따스한 음성으로 여인이 입을 열었다. 그 순간 귀에 익은 목소리에 놀라 눈을 살며시 떴다. 여인의 눈에서 주르르 한줄기 눈물이 흘렀다. 이내 여인의 정체를 깨달은 순간 나도 모르게 '억' 소리와 함께 안타까운 탄식이 터져 나왔다.

아! 어머니, 나의 어머니였다. 내가 열세 살 무렵 동생을 낳고 안타깝게 세상을 떠나신 불쌍한 우리 어머니. 더욱 거세게 부는 눈보라로 눈을 뜰 수 없는 지경에 이르자 어머니는 갑자기 몸을 돌려 어두운 산을 향해 터덜터덜 걷는다.

"안 돼요, 어머니. 가시면 안 돼요."

그렇게 보내면 어머니를 영영 못 뵐 것만 같았다. 점점 멀어져 가는 어머니의 어깨가 왠지 더 가냘프고 왜소하게 보였다. 안타까운 마음에 텅 빈 허공으로 손을 휘젓다 번쩍 눈이 뜨였다. 꿈이었다.

가을로 접어든 지 꽤 시간이 흘렀지만, 아직도 온몸을 휘감는 높은 기온과 습기가 심신을 괴롭혔다. 꿈속에서 느낀 눈보라의 한기가 아직 가시지 않을 즈음 뿌연 창밖으로 해가 떠올랐다.

2016년 9월 23일. 그날은 내가 평생을 염원해왔던 소망이 눈앞의 현실로 드러나는 날이었다. 바로 바탐방 수영교육원이 문을 연 날이었다. 한국 땅에서 수천 ㎞ 떨어진 이역 땅, 캄보디아에서 내 칠십 평생의 꿈이 이렇게 이뤄질지 나도, 나를 아는 누군가도 짐작조차 하지 못했을 것이다. 게다가 내 인생에 이렇듯 의미 있는 날, 60여 년 전에 돌아가신 어머니를 꿈에서 만나리라고는 꿈에도 생각지 못했다.

"왜 오늘 같은 날, 어머니가 꿈에 나타나셨을까?"

70년 굴곡진 인생을 뚜벅뚜벅 걸어오는 동안 한시도 가슴속에서 떠나지 않았던 어머니였다. 지독한 가난과 척박한 환경 속에서도 버텨낼 수 있었던 것은 오로지 열세 살 무렵 하늘나라로 떠나신 어머니의 사랑 때문이었다.

자리에서 일어나 창을 열고 아침 공기를 들이마셨다. 열기를 머금었지만 그래도 상쾌했다. 옹기종기 모여있는 집들 사이로 지난여름의 활기를 머금은 나무들이 싱그러운 자태를 뽐내고 있었다. 이날 준공식에는 한국에서 온 30여 명의 후원자를 포함해 100여 명이 참석해 교육원의 첫 출발을 축하했다.

동남아시아의 아름다운 나라, 역사적 유적지와 독특한 문화로 유명한 캄보디아는 내가 자주 다녔던 여행지였다. 씨엠립의 앙코르와트는 유네스코 세계문화유산에 등재된 유적으로 세계에서 가장 큰 석조건물로 12세기 고딕 양식이 혼합된 경이로운 건축물이기도 하다.

이곳에 자주 방문하면서 나는 뜻하지 않은 인연을 운명처럼 만나게 됐다. 몸과 마음의 휴식을 위해 2004년 처음 캄보디아 여행을 시작한 이후 아름다운 자연과 유적지에 매료되어 나는 시간 날 때마다 이곳을 드나들었다. 헐벗고 가난했던 어린 시절의 아픈 기억을 잊기 위해 쉼 없이 달려왔던 인생, 고단했던 삶을 보상받기 위해 훌쩍 떠나오곤 했지만, 마음 한쪽에 늘 허전함을 감출 수는 없었다.

나름대로 사업에도 성공했고 시간이 날 때마다 봉사하며 내 인생을 더 의미 있게 살려고 발버둥 쳤으나 근원을 알 수 없는 허기는 가시지 않았다. 돈보다는 사람의 마음을 얻는 것이 내게 더 중요했고, 나만 잘 먹고 잘 사는 것보다 모두가 함께 행복해야 한다는 걸 깨닫고 있었기에 어떻게 더 가치 있게 살아야 하는지 고민하던 시기였다. 그것은 어머니가 생전에 늘 내게 강조하시던 유지이기도 했다.

그러던 어느 날 씨엠립 근교의 작은 마을을 지나다 많은 아이가 모여 구걸 아닌 구걸하는 모습이 눈에 잡혔다. 캄보디아 거리를 다니다 보면 어린아이나 노인, 장애인들이 구걸하는 광경을 심심찮게 볼 수 있었는데 그날만은 불편한 마음보다는 알 수 없는 심상에 젖어 들었다. 아이들의 순수하고도 맑은 눈망울을 보는 순간 내 어린 시절의 곤궁한 처지와 슬픔이 떠올라 견딜 수가 없었던 것이다.

한국전쟁이 끝나고 전화(戰禍)의 잿더미 속에서 배고픔에 시달렸던 우리 어린 시절처럼, 내전으로 인해 열악한 환경에서 하루하루를 버텨내는 현지 아이들의 모습이 애처로웠다. 주지하다시피 대한민국은 전후 폐허 속에서도 배움의 끈을 놓지 않고 교육을 통해 다시 일어설 수 있었고 결국 세계 10위 권의 경제 대국으로 발돋움했다. 교육이야말로 가난을 벗어날 수 있는 최상의 대안임을 여실히 증명한 셈이었다. 캄보디아도 그래야 한다는 생각이 문득 들었다.

'저 순수하고 가엾은 아이들을 위한 학교를 세우리라. 한국전쟁 후 우리를 도와줬던 미국인처럼 이 척박한 나라를 돕는 도우미가 되어 저 아이들의 미래를 밝혀주리라.' 나는 절박한 심정으로 그렇게 마음속에 외치고 또 외쳤다.

사실 양평에서 태어나 불우했던 어린 시절을 겪고 혈혈단신 서울에 올라와 살기 위해 발버둥을 쳐온 60년 가까운 세월은 내게는 전쟁과도 같았고, 쓰러졌다 다시 일어나는 과정의 연속이었다. 그렇기에 파란만장했던 내 인생의 굴곡진 여울목마다 번민과 고뇌의 생채기가 짙은 흔적을 남기며 새겨져 있다. 그렇지만, 나는 그런 상처를 훈장 삼아 늘 오뚝이처럼 일어났고 바로 눈앞의 미래를 위해 발을 뻗었다.

사람들은 내가 나름 성공한 삶을 얻었다고 말하지만, 사업 성공과 비례하게 남을 위한 봉사를 병행해 온 것은 그렇듯 어렵고 힘들 때 우리 세대가 그리고 내가 살아오며 매 순간 외부로부터 받아온 호의와 배려, 도움을 조금이라도 갚기 위한 마음에서였다.

내 인생 75년은 그런 선한 영향력에 의해 이어져 왔다. 이 작은 책은 그 사실을 밝혀주는 증거로서의 기록이자, 내가 걸어온 삶의 진정성을 보여주기 위한 자료이다. 이역 땅 바탐방에 학교를 세운 나의 뜻을 공감하는 모든 이들, 남을 위해 봉사하고 싶으나 망설여지는 이들에게 부디 좋은 길잡이로서의 책이 되었으면 더 바람이 없겠다.

1장

양평 촌놈, 꿈을 향해 한 걸음

고향

유영숙여사 作

가난, 내 삶의 시작

나와 같은 시대를 살아온 사람들은 '가난'이라는 유산을 공유하고 있다. 어린 시절부터 가난과 싸워 온 이들에게는 자연스럽게 그 가난의 흔적을 몸과 마음에 아로새기게 마련이다. 어렵고 빈한한 환경을 타고나는 것은 비록 자신의 선택이 아니지만, 그 환경을 극복하고 이겨내는 것은 전적으로 자기의 의지와 선택에 달려있기 때문이다.

그렇다고 내가 가난한 집안에서 태어났다는 사실에 주눅 들거나 서운하지는 않았다. 왜냐하면 당시는 대부분이 가난했고 그것이 자연스러웠기 때문이다. 가난 속에서도 남에게 베풀 줄 아는 마음과 배려심, 현실을 긍정적으로 바라볼 수 있는 낙관주의가 있었다.

그런 시대에 나는 세상과 인연을 맺었다. 1949년 6월 9일, 나는 경기도 양평군 서종면 문호리의 한 농가에서 4형제 중 둘째로 태어났다. 장락산맥의 지맥이 남으로 뻗어 내리는 자락에 위치한 양평은 대한민국 수도인 서울의 젖줄, 북한강과 남한강이 관통하고 있는 곳이다. 북한강 서쪽으로 남양주와 접해있고 북으로는 가평군과 강원도의 홍천군이, 동으로는 강원도 횡성군과 원주가 인접한 경기도의 최동단에 있는 지역이다.

'따스한 볕이 드는 들녘'이라는 한자 陽平의 뜻처럼 양평은 연평균 기온이 10.9℃의 온화한 기후를 나타내는 곳으로 서울 근교에 자리하고 있어 도시인들이 자주 찾는다. 특히 북한강과 남한강이 만나는 두물머리와 북부에 위치한 용문산은 사람들이 사시사철 찾는 유명한 관광지이기도 하다.

지금도 내 고향 양평에서의 어릴 적 기억을 떠올리면 아련한 마음에, 고향을 떠나기 전 경험했던 소소한 추억들이 스친다. 그 시절의 나는 춥고 배고팠던 기억이 대부분이었지만 그래도 가장 아늑하고 행복했던 시절로 뇌리에 남아있다. 그렇기에 사람들은 명절이 되거나 마음이 허허로울 때, 교통체증으로 길이 막혀도 고향을 찾는지도 모르겠다. 팍팍한 삶 속에서 어릴 때 추억을 되새기며 그 시절의 페이지 속으로 걸어 들어가는 것일 테다.

나는 '광산김씨' 양간공파 38대손으로 태어났다. 어렸을 적에는 장손이었던 큰아버지께서 대를 이을 아들이 없어 큰집에 양자로 들어가기도 했다. 대체로 양자를 들이는 관례는 조선 시대부터 유래했는데 먼 친척의 적자를 들이는 일도 있었지만, 보통 가장 가까운 혈통에서 찾는 사례가 많았다. 그리하여 우리 집의 둘째 아들인 내가 큰집으로 입양되었던 것이다.

내가 태어난 서종면 문호리는 중미산과 유명산을 뒤로하고 북한강과 접해있는 곳으로, 전통적인 시골 마을들이 군데군데 모여있는 지역이었다. 무너미 고개 근처를 이르는 문호리(汶湖里)는 예로부터 작은 서울이라 불릴 만큼 선비들이 많이 모여 사는 동네였으며 글공부하느라 먹을 많이 갈고 그 벼루와 붓을 씻느라 물이 더럽혀졌다고 해서 '더러울 문(汶)'자를 썼다고 한다.

양평에서의 어린 시절을 떠올리면 가장 먼저 눈에 그려지는 것이 바로 북한강이다. 고향을 등지고 혈혈단신 서울로 올라왔던 열일곱 살 무렵까지 나는 거의 매일같이 바라보며 꿈을 키웠던 곳이다. 강어귀에 길게 늘어선 좁은 모래톱 사이로 주먹만 한 자갈들이 널려 있었고 길가 쪽으로 늘어선 개망초꽃들이 곱게 피었다. 해가 저물 즈음 말 없이 굽이쳐 흐르는 북한강 물결은 마치 황금색 물감을 머금은 비단결 같았다.

어린 나이에 겪었던 배고픔과 일찍 어머니를 여읜 후의 외로움, 힘겨운 나날 속에서 마음이 허허로울 때면 나는 북한강에 나가, 이름 모를 꽃들과 풀이 길게 늘어선 강변에 누워 흘러가는 구름을 보며 마음을 달래곤 했다.

내가 태어난 다음 해에 한국전쟁이 발발했다. 겨우 두 살 때여서 기억할 수는 없지만, 양평은 치열한 전투가 벌어진 곳으로 유명하다. 특히 전투기념관이 있는 지평면 지평리는 38선 회복 반격의 시발점이 된 곳으로 '한국 전쟁사'에서 중요한 위치를 차지하고 있다.

내가 태어난 마을 문호리도 1.4후퇴 이후 중공군이 들어와 치열한 전투가 벌어진 격전지였다고 한다. 전투와 함께 중공군의 방화로 온 마을이 불타고 가옥들이 소실되어 폐허로 일순간 변했다는 얘기를 어른들께 전해 들었다. 마을의 대부분 주민이 피난을 떠났지만, 우리 집은 뒷산 토굴이나 다래 덤불 같은 곳에 숨어 지냈단다. 낮에는 중공군과 인민군에 들키지 않으려 산속에서 피신해 지내다 밤이 되면 몰래 내려와 식량을 구해 다시 산으로 들어가는 생활을 한동안 했던 것이다.

유엔군이 인천상륙작전을 감행하고 국군이 서울을 수복하면서 양평도 인민군 치하에서 벗어날 수 있게 되었다. 집으로 돌아온 부모님은 인민군이 퇴각할 때 마을에 불을 놓아 잿더미가 된 집을 보고 낙심하기도 했지만 이내 주먹을 불끈 쥐고 새로운 삶의 터전을 마련하셨다고 한다.

내 기억은 거의 없지만, 나는 그런 배경 속에서 자라났다. 그리고 그와 같이 척박하고 황량한 환경이 내가 첫 인생의 그림을 그려나갈 캔버스가 되었다. 내 또래의 어린 시절 기억은 그렇듯 대한민국 격동의 역사와 겹치다 보니 대체로 엇비슷할 수밖에 없다. 배고팠던 기억, 혼란스럽기만 했던 사회 분위기, 지독한 가난과 먹고살기 위해 자신의 몸도 돌보지 않고 늘 열심히 일해야 했던 부모님들. 그런 기억들이 지금의 나와 내 정체성을 만들었던 것이다.

어린 시절
나를 키운 것들

인간은 자신의 삶을 살아가면서 누구든 어린 시절에 경험했던 추억과 당시의 심상을 간직한 채, 기쁠 때나 슬플 때 혹은 어려움이 닥칠 때마다 그 추억을 되새기며 현실을 잊는다. 그것이 좋은 기억이든, 아프거나 나빴던 기억이든 상관없다. 순탄치 않은 삶을 견뎌내고 극복하는 데 큰 도움이 될 뿐만 아니라, 현실을 딛고 일어날 힘이 되기 때문이다.

나도 마찬가지였다. 지금까지 일흔이 넘는 오랜 삶을 살아오면서 삶이 어렵고 고단할 때마다, 어디론가 훌쩍 떠나고픈 마음이 불현듯 피어오를 때마다 어린 시절과 고향에서의 추억이 몽실몽실 떠오른다.

나는 '광산김씨' 집안의 후손이다. 전남 담양을 관향(貫鄕)으로 하는 '광산김씨' 가문은 조선 시대 문과에만 260여 명을 배출했고 다섯 분의 정승과 일곱 분의 대제학을 배출한 명문가였다. 양간공파의 직계 조상 중에는 조선 중기의 대신이자 동방 18현의 한 분으로 문묘에 종사된 김장생(金長生) 할아버지, 문묘와 종묘에 동시 배향된 김집(金集)

할아버지가 잘 알려진 인물이다.

이런 명문가에서 출생했지만, 어릴 때 지독한 가난과 혼란스러운 사회 분위기 탓에 나의 어린 시절은 그리 행복하지만은 않았던 것 같다. 더구나 내가 유아 시절에는 온 가족이 한국전쟁을 겪으며 고초를 당하기도 했다.

우리 집안은 대대로 양반 집안이었지만 조선 말기 급격한 사회 변동과 계급의 재편으로 사회적 지위와 경제적 특권을 잃으며 서서히 몰락의 길을 걷게 되었다. 언제부터인지는 잘 모르겠으나 관향과는 멀리 떨어진 양평에 터를 잡게 된 것도 그런 연유인 듯 보인다.

당시 평범한 사람들이 그랬듯 아버지도 농사를 짓는 농사꾼이었다. 농사꾼의 대부분은 논을 가진 지주로부터 땅을 빌려 경작하는 소작농이었는데 아버지도 그랬다. 논농사가 주요한 업이었으나 아버지는 화전을 일구기도 하셨다. 화전(火田)은 논에 물을 대 벼농사를 짓는 수도작(水稻作)이 어려운 산간 지대 같은 곳에 초지를 태우고 난 후, 그 땅에 밭곡식을 심어 경작하는 농사법을 말한다. 일반 농사보다 서너 배는 힘들고 척박한 농법이기도 했다.

아버지는 변변한 집도 없었을 만큼 가난했다. 버려진 땅에 그저 바람 정도만 막을 수 있도록 남이 쓰던 목재나 폐자재로 얼기설기 짓고 지붕에는 초가를 얹은 전형적인 초가집에서 살았다. 그래도 내부에 대청마루를 놓고 사랑채와 외양간을 만들어 어느 정도 격식은 갖춘 집이었다.

아버지는 부지런한 농부셨다. 새벽에 일찍 일어나 부실한 아침을 먹고 밤늦게까지 논과 밭에 나가 일하셨다. 아들만 넷이었던 집안을 건사하기 위해서는 언제나 눈코 뜰 새 없이 바쁘게 일해야 입에 풀칠이라도 할 수 있었을 테니 어쩌면 당연한 일이었을 것이다.

그렇게 부지런히 일해도 먹고살기는 늘 빠듯했다. 내가 초등학교 2~3학년이 될 때까지도 쌀밥 구경을 해보지도 못했다. 명절 때 같은 특별한 때나 어쩌다 맛볼 수 있는 음식이었다. 그나마 구황작물이 섞인 보리밥을 먹으면 다행이었고 평소에는 옥수수나 감자, 고구마 등이 주식이었다. 산나물을 넣어 쑨 죽으로 연명할 때도 있었고 때때로 끼니를 거를 때도 많았다.

먹을거리라도 있으면 다행이었다. 춘궁기가 되면 먼 친척이나 이웃 마을에서 장리쌀을 구해다 버텨야 했다. 원곡에 '모곡'이라는 이자를 붙여 갚아야 했는데 1년도 되지 않아 빌린 쌀의 50% 이상을 갚아야 하는 경우를 '장리(長利)'라고 했는데 여기서 연유한 것이 '장리쌀'이다. 그만큼 당시 어렵게 먹고살았음을 방증해 주는 예라고 할 수 있다.

그런 어려움 속에서도 나는 1956년 서종초등학교(당시는 국민학교)에 입학했다. 어른들의 처지에서는 일손이 부족한 상황에서 학교를 보내기가 쉽지만은 않았을 것이다. 전후 폐허가 아직 복구되지 않은 때여서 학교는 번듯한 건물도 없이 미군 공병대가 임시로 설치해 준 천막 교실에서 공부했다. 책상과 걸상도 없이 바닥에는 가마니만 깔고

앉아서 수업을 받아야 했다. 때로는 집에서 사용하다 버린 사과 궤짝 등을 책상 대용으로 가져다 쓰는 학생도 있었다.

학교까지는 4㎞에 가까운 거리여서 걸어 다니기에는 만만치 않았다. 하지만, 나는 학교 가는 게 너무 좋아 비가 오나 눈이 오나 즐거운 마음으로 학교에 다녔던 기억이 난다.

서종초등학교는 아침반, 오전반, 오후반 등 3부제 수업을 시행했다. 당시 우리나라에 세워진 초등학교가 많지 않았고, 전후 열악했던 교육 시설 환경 때문에 어쩔 수 없이 그런 기형적인 교육을 해야 했다. 서양에서는 1학기가 가을부터 시작했는데 우리나라의 경우, 열악한 환경에서 학생을 한 명이라도 더 가르치려면 밝은 낮에 가르쳐야 한다. 그래서 낮이 긴 봄과 여름에 교육하는 것이 유리하다 보니 서양과는 달리 봄에 1학기를 시작했고 2~3부제를 시행했던 것이다.

어렵게 초등학교에 다녔지만, 나는 학교 가기 좋아하고 친구와 놀기 좋아하는 유쾌한 학생이었다. 공부에는 크게 관심이 없었으나 수리에는 밝아 주산을 잘했다. 암산에 능했고 구구단도 또래보다 빨리 외우는 등 셈본 시간은 늘 나의 활약 무대가 되었다. 학교를 파하면 친구들과 문호천으로 고기를 잡으러 가거나 저수지에서 멱을 감고 놀았고 가재와 징거미 등을 잡아 무를 넣고 매운탕을 끓여 먹기도 했다.

숫기가 없던 형과 비교해 활달한 성격을 소유했던 나는 눈치가 빨라 부모님의 얼굴만 봐도 무엇을 원하시는지, 어떻게 처신해야 하는지 알게 되었다. 그렇게 나는 내 할 일은 잘하는, 부모님 속 썩이지 않는 그저 평범했던 아이였다.

그즈음 언젠가부터 나를 바라보시는 어머니의 눈에 보일락 말락 이슬이 맺히기도 했고, 아버지는 나를 빤히 쳐다보다 내 눈과 마주치면 황급히 고개를 돌리시곤 했다. 큰아버지가 아들을 얻지 못해 내가 양아들로 가면서 그때부터 나에 대한 부모님의 애틋함이 커진 듯했다.

큰집에 양자로 가야 했던 현실에서 나는 부모님이 서운하거나 원망하는 마음을 갖지는 않았으나 마음 한구석이 작은 먹구름으로 덮인 것은 사실이었다. 검푸른 물속에 푸른 산이 잠긴 북한강 강가에 앉아 사색에 잠기곤 했던 버릇이 생긴 것은 아마도 그 즈음부터였을 것이다.

어쨌든 내 유년기와 소년기는 그렇듯 평범하게 보냈지만 지독한 가난과 배고픔, 어린 시절에 누구나 갖고 있던 유쾌함과 함께 더 큰 세상을 배워가는 작지만 소중한 깨우침을 하나씩 얻어가는 과정이었다. 특히 가난했기에 힘들었지만, 나는 그 시절의 가난이 내게 많은 교훈을 줬다고 믿는다.

가난하면 꿈을 꿀 수 없을까? 전혀 그렇지 않다. 오히려 그 반대다. 더 간절하게 성공에 대한 의지와 꿈을 키울 수 있다. 가난의 쓰라린 경험과 그로 인해 생긴 내성의 에너지도 생긴다. 가난의 굴레를 벗어나겠다는 뜨거운 열망이 불굴의 힘을 만들기 때문이다.

어머니의 죽음, '밥순이'가 되어

초등학교를 졸업하고 중학교에 가야 했던 나는 집안 형편으로 인해 고등공민학교에 입학했다. 중학교와 같은 교육과정을 가진 고등공민학교는 중학교가 의무교육이 되기 전 가난한 가정 혹은 학비를 댈 수 없는 농촌 학생을 구제하기 위해 설립한 공립 학교였다. 일반 중학교는 아니었지만 어쨌든 학업을 계속 이어갈 수 있다는 생각에 나는 가슴 설레며 학교에 다녔다.

그런데 공민학교마저 다닐 수 없는 불운이 내게 닥쳤다. 내가 공민학교에 입학한 지 채 한 달이 지나지 않은 4월, 어머니가 돌아가셨다. 다섯째 동생을 어렵게 낳고 산후조리를 잘못하신 어머니는 그 길로 병을 얻어 오랜 시간을 앓으시다 출산 후유증으로 눈을 감으신 것이다.

당시 우리 마을에는 의원은 물론 돌팔이 의사조차 없었다. 50리나 나가야 그나마 조산원 수준의 병원이 있었고 양평읍 내로 나가도 변변한 큰 병원이 없는 상황이었다. 더욱이 당시는 산후조리를 할 수 있는 형편도 되지 않았고 출산 후 바로 밭일을 나가는 예도 부지기수였다.

돌아가시기 수일 전 어머니가 나를 부르시더니 "아버지 말씀 잘 들고 공부 열심히 해야 한다."라고 말씀하시는 동시에 동생들을 잘 돌보라고 부탁도 하셨다. 그때는 왜 어머니가 그런 말씀을 하시는지 잘 몰랐는데 아마도 당신의 운명을 예감하셨던 것 같다.

출산 후 몸이 많이 상하고 마음도 힘겨운 상태였지만, 그래도 온화한 얼굴로 내게 마지막 당부를 하셨던 것이다. 내성적으로 소극적이었던 형보다 내가 더 미더워서였을까? 고왔던 뺨은 움푹 팼고 이마에는 나이에 걸맞지 않은 주름이 그어졌으나 그토록 잔혹했던 병환마저도 어머니의 따뜻하고 부드러운 미소까지는 앗아가지 못했다.

당시에는 알 수 없었지만 지금 생각해 보면 어머니는 물론 아버지까지 두 분의 기대와 애정이, 우리 형제 중 내게 가장 컸던 것 같다. 가난했던 살림에도 불구하고 필요한 것이 있을 때 조심스레 말씀을 드리면 가능한 꼭 챙겨주셨고, 평소 나를 바라보는 두 분의 눈길이 각별했던 느낌도 있었다.

어머니가 돌아가시면서 나는 공민학교를 그만둬야 했다. 다섯 살 위의 형은 아버지를 도와 농사를 지어야 했으니 집안 일과 동생 돌보는 일을 내가 맡아야 했던 것이다.

그때부터 나는 다섯 살, 두 살 먹은 두 동생에 대한 책임감이 막중해졌고 그들을 잘 양육하고 공부시키기 위해서는 무슨 일을 해서라도 돈을 많이 벌어야겠다는 생각을 갖기 시작했다.

언젠가 일을 마치고 집에 돌아와 심각한 얼굴로 내게 하셨던 아버지의 말씀 속에도 내가 가야 할 길의 이정표가 세워져 있는 듯 싶었다.

"익수야. 너는 광산김씨 우리 집안을 일으켜야 한다. 비록 네가 장남은 아니더라도 형은 아버지를 도와 일하고 있으니, 집안을 책임지는 것은 네 몫이다. 동생들을 잘 부탁한다."

그렇게 말씀하시는 아버지의 심정을 어찌 모를 리 있겠냐만, 마을 친구들이나 또래가 학교에 가 공부할 때 나는 어린 동생들을 돌보며 키워야 하고 밥과 청소, 빨래 등 집안일을 홀로 해야 했으니 얼마나 기가 막히겠는가?

아직 10대 중반의 여드름투성이 소년이, 친구들과 어울려 들로 산으로 뛰어다니며 놀아야 하고 미래를 위해 학업의 기초를 닦아야 하는 그런 나이에 이른바 '밥순이'가 되어 손에 물 묻히고 사는 꼴이 나는 서글펐다.

그러나 어쩔 수 없는 일이었다. 어쩌면 이것이 내 운명일지도 모른다는 생각밖에 없었다. 그리고 당시에는 그런 생각 외에 다른 생각을 할 겨를이 없었다. 당장 내가 맡아 해야 할 일들이 있었고 나는 당연히 그 일들을 해야 했다.

아버지는 어머니가 세상과 작별하신 이후로 더 과묵해지셨고 자식들과도 서먹해지셨다. 집안에 여자가 없어서 당연했는지는 몰라도 꽤 말을 아끼셨고 내가 먼저 여쭙거나 말을 하지 않으면 먼저 말을 건네시는 법이 좀처럼 없으셨다. 형과 함께 논밭에 나가 일손을 도울 때도, 집에서 함께 식사할 때도 아버지 말씀을 서너 마디 듣기도 어려웠다.

그렇게 꼬박 3년을 소년 가장으로 집안을 건사하며 보냈다. '밥순이'로 사는 삶이 고되거나 많이 힘들지는 않았지만 때때로 외로웠고 언제까지 이렇게 살아야 하는지 낙심될 때도 있었다. 그럴 때면 북한강 강가에 나가 하염없이 흘러가는 구름을 보거나 강변에 피어있는 이름 모를 꽃들과 억새를 꺾어 들고 생각에 빠진 채 무료하게 걷기도 했다.

그러나 나는 절대 낙심하지 않았다. 언젠가는 이런 비루한 현실을 극복하고 내 꿈을 이룰 날이 반드시 오리라 믿었다. 당시에 나는 그럴 듯한 꿈을 꿀 형편이 되지 못했다. 아니 미래의 멋지고도 화려한 꿈을 품기보다는 하루하루의 삶을 버텨내기도 어려웠던 것이 사실이다.

그래도 앞날에 대해 비관하지 않았다. 지금 생각해도 어떻게 그런 낙관주의가 내 안에 자리 잡고 있었는지는 알 수 없다. 어머니의 죽음으로 공부를 할 수 없고 동생들을 돌보며 '밥순이'가 되어야 했던 현실에도 불구하고 이렇듯 힘들게 사는 경험은 훗날 내가 성공할 힘을 기르는 것으로 생각했다. 그런 절실한 깨달음이 없었다면 나는 지금도 기껏 농촌에 처박혀 농사를 지었거나 잘해야 직장인으로 살았을 것이다.

어려운 상황에서 나는 그런 깨침이 있었고 평생 그렇게 살 수 없다는 자각이 더 도약할 수 있는 기반이 되어줬다. 가난과 역경에서 벗어나겠다는 절박함이 오늘의 나를 만들었다고 해도 틀린 말이 아니다.

상경
|

유영숙여사 作

꿈을 위해 고향 탈출

어머니가 돌아가시고 내가 3년 동안 집안을 돌보는 가정주부 역할을 하는 동안 다섯 살, 두 살의 어린 동생은 어느덧 여덟 살과 다섯 살 먹은 꼬마가 되어 있었다. 제대로 걷지 못해 손이 많이 가는 두 살짜리 동생을 업고 다섯 살 동생의 손을 잡아 키운 3년이 내 인생에서 가장 고달팠고 눈물겨웠던 시간 중 하나였다.

가끔 옆집 아주머니의 도움으로 근근이 내 역할을 완수해냈지만, 정말 견딜 수 없을 정도로 힘들었다. 그렇게 살아야 하는 내 운명이 싫었다. 예민했던 사춘기에 나는 그렇게 나이와 어울리지 않는 '밥순이'로 살며 일찍 철든 아이가 되었다.

당시 우리가 살던 동네는 약 30호 정도가 옹기종기 모여 사는 작은 마을이었는데 내 또래 친구는 거의 없었다. 초등학교에 같이 다닌 친구들은 대부분 이웃 마을에 살았다. 우리 마을에 내 또래가 없었던 이유는 한국전쟁 때 마을에 들어온 중공군이 쏜 총에 맞아 죽은 아이들이 많아서였다고 한다. 그랬기에 내 외로움과 설움은 더 했던 것 같다.

그러던 어느 날 아버지가 새어머니를 데려오셨다. 어머니가 돌아가신 지 3년이 지난 후였다. 그러나 나는 아버지가 서운하거나 새어머니가 밉다는 생각이 들지는 않았다. 오히려 새어머니가 오셨으니 집안일은 하지 않아도 된다는 생각에 행복감이 밀려왔다.

두 동생은 새어머니를 잘 따랐다. 돌아가신 어머니를 그리워하기에는 아직 어렸던 탓이었을까? 어쨌든 새어머니를 잘 따르고 좋아하는 모습을 보니 안도가 됐다. 새어머니도 우리를 친자식처럼 살갑게 대해주셨다. 경제적인 형편이 크게 좋아진 것은 아니었지만, 새어머니가 들어오면서 집안은 이전보다 훨씬 안정을 찾았다.

고등공민학교를 정상적으로 다녔다면 졸업반이었던 해를 넘기고 어느덧 나는 고등학교를 입학할 나이인 열일 곱 살이 되었다. 중학교 과정을 이수하지 않았으니 고등학교에 갈 수가 없었다. 불현듯 내 미래가 걱정되었고 앞으로 어떻게 살아갈지 막막했다.

아버지를 도와 농사를 짓자니 그건 내가 갈 길이 아니라는 생각이 들었다. 경험도 없었고 시골에서 썩기는 죽기보다도 싫었다. 우선 서울로 가자는 마음이 퍼뜩 들었다. 적당한 기회를 봐서 아버지와 새어머니께 말씀을 드렸다. 서울에 가서 공부해 보겠노라고. 이 기회를 놓치면 다시 기회가 없을 것 같았다.

내 얘기를 듣고 오랫동안 생각에 잠긴 아버지는 결국 허락하셨다. 그토록 다니고 싶어 했던 학교도 가지 못하고 3년 동안 '밥순이'로 산 내가 안쓰러워서였을까? 어릴 적 호적에 큰집 양자로 올렸던 데 대한 미안함 때문이었을까? 아니면 지금이라도 늦지 않았으니 뒤처진 공부를 계속해 남들처럼 평범하게 살라는 마음에서였을까?

아버지의 속내는 알 수 없었지만, 나는 태어나서 17년 동안 내 인생 초반기의 둥지가 되었던 양평을 떠나게 되었다. 성북구 돈암동에 살고 계신 셋째 숙부댁에 당분간 얹혀살기로 했다.

1965년 초, 열일 곱 어린 나이에 나는 꿈을 찾아 집을 떠났다. 하늘이 청명하게 개인 늦겨울의 오후였다. 서울행 버스를 타기 위해 문호리 집에서 양수리까지 10㎞가 넘는 거리를 살이 에이도록 차가운 칼바람을 맞으며 걷고 또 걸었다. 몇 벌의 옷가지와 생필품이 든 작은 가방이 짐의 전부였으나 아버지에 대한 왠지 모를 송구한 심정, 두 동생에게 미안한 감정이 가슴 한쪽을 무겁게 짓눌렀다.

서울행 버스를 타고 팔당 부근을 지나는 동안 하얀 눈이 아직 쌓여 있는 예봉산이 눈에 들어왔다. 찬 바람이 몰아치고 적설이 녹지 않은 겨울이었으나, 산 중턱의 이름 모를 꽃나무 줄기 끝에 맺힌 푸른빛은 분명 화사하게 필 봄의 전령이 틀림없었다.

자립을 위한 몸부림

서울은 내가 태어나 살았던 양평과 비교가 되지 않게 휘황찬란한 도시였다. 서울에 온 며칠간은 차를 타고 이곳저곳을 미친놈처럼 돌아다녔다.

숙부가 사는 돈암동에서 전차를 타고 동대문이나 종로로 나가 아무 버스를 갈아탄 뒤 종점까지 순례했다. 서울 지리도 익힐 겸 돌아다니다 보면, 낯선 곳에서 오는 두려움보다는 새로운 세계를 내가 직접 맛보고 체험한다는 경이로움과 신기함에 푹 빠져들었다. 서울의 곳곳을 다니면서 다양한 건물과 지역의 특성들이 머릿속에 쏙쏙 각인되었다.

사실 늦은 공부를 위해 서울에 왔으나 막막했던 것은 부인할 수 없는 사실이었다. 내가 잘할 수 있을지 걱정됐고 한편으로는 부담도 됐다. 아버지는 나를 공부시키기 위해 종중의 산과 땅에 있는 나무를 일부 벌목해 팔아 학비를 마련했고, 빚을 내 숙부에게 화물차를 한 대 사주면서 나를 부탁했던 것이었다. 당시 화물차 한 대 가격이 70~80만 원 할 때였는데 아버지는 숙부에게 40만 원을 줬다고 한다. 당시 숙부는 토건업을 하고 있었고 아들인 사촌 형은 운전을 직업으로 하고 있었다.

그 시절에는 화물차를 비롯해 버스, 택시 등 운전기사는 꽤 인기 있는 직업이었다. 차가 많지 않은 시절이었으니 운전은 당시로서는 운전면허증이 고급 라이선스(license)에 속했던 것이다.

한동안 서울 구경에 빠져있다가 고등학교에 진학할 심산으로 검정고시학원에 등록해 수험생 생활을 하기 시작했다. 그러나 나는 공부에는 소질이 없었다. 몇 개월 다녔지만 큰 흥미를 느끼지 못했다. 오히려 서울 여기저기를 다니면서 내가 운전에 흥미를 갖고 있음을 깨달았다.

학원을 다니는 동시에 나는 사촌 형의 운전 조수 생활을 병행하면서 운전을 배웠다. 당시 서울에는 화물차가 약 200여 대 정도밖에 없을 때였다. 전국적으로도 많지 않았기 때문에 화물차를 운전하면 큰돈을 벌 수 있는 시대였다. 화물차뿐만이 아니었다. 미군의 지프차를 뼈대로 제작한 최초의 국산 자동차인 시발택시를 비롯해 버스, 삼륜차 등을 운전해 돈을 버는 운전 직종은 인기를 끌었고 1950년대 국산 엔진이 개발되며 자동차 산업이 급성장하고 있던 시기였고 장래성도 밝았다.

특히 운전은 물론 자동차의 구조와 정비에 관심을 가지면서 앞으로의 내 진로를 자동차 분야로 나아가기로 했다. 당장은 운전면허증을 따는 게 급선무였다. 사촌 형의 조수로 형이 운행할 때 화물차 조수석에 앉아 어깨너머로 운전을 배우기 시작했다. 승용차 같은 소형차와 운전의 원리는 같으나 화물차는 여러모로 복잡한 것이 많았다.

서울에 온 지 약 2년 정도 지난 후에야 나는 운전면허증을 취득할 수 있었다. 그동안 진학은 접고 운전으로 삶의 방향을 결정했기에 나는 뛸 듯이 기뻤다. 고향 집에 계신 아버지에게 자초지종과 함께 앞으로의 계획도 말씀드렸다. 어차피 내 인생은 내가 사는 것이고, 당신께서도 내게 해주신 것이 없다고 생각하셨는지 아니면 대견스러워 말문이 막히신 건지 몰라도 아버지는 별말씀이 없으셨다.

나는 숙부댁인 돈암동 가까이에 있는 한 운송회사에 취업했다. 회사라고 해봐야 차 몇 대 굴리는 작은 곳으로, 지금의 지입 형태처럼 회사의 상호만 빌려 화주(貨主)를 잡아 영업하는 시스템이었다. 아버지가 120만 원을 빌려주셔서 그 돈으로 삼륜차를 샀다. 아버지 역시 다른 곳에서 빌린 돈이었다.

회사에 취업한 지 1년이 못 되어 열심히 모은 돈으로 돈암동 숙부댁에서 나와 독립했다. 취직 후 그렇게 치열하게 일했고 번 돈을 쓰지 않고 모았다. 미아리에 자취방을 잡고 들어갔다. 회사의 차고지가 미아리여서 출·퇴근에 무리가 없도록 그곳에 자췻집을 구한 것이다.

당시 일반 직장인의 평균 월급이 2,000원이 안 되었는데 나는 평균 월 2,500원 정도를 벌었다. 나는 눈가리개를 한 경주마처럼 다른 곳에 신경 쓸 겨를 없이 오로지 돈 버는 데만 주력했다. 젊은 나이였지만, 연애고 뭐고 생각할 겨를이 없었다. 놀러 다니는 것도 몰랐고 오직 일에만 집중했다. 일이 없으면 일을 찾아다녔고 일이 생기면 밤이고 낮이고 일에 몰두했다.

사서삼경 중 한 책인 『맹자(孟子)』에는 "유위자비약굴정(有爲者譬若掘井) 굴정구인이불급천(掘井九軔而不及泉) 유위기정야(猶爲棄井也)"라는 고사가 나온다. '우물을 아홉 길이나 팠더라도 샘을 발견하지 못하고 중도에 포기한다면 우물을 파지 않는 것과 같다.'라는 뜻으로, 일을 시작해 그 끝을 보지 못한다면 시작하지 못한 것과 같으며 일이 성취될 때까지 끝까지 밀어붙여야 함을 강조한 경구다.

나는 이 경구를 마음속에 간직하고 끝을 보자는 심정으로 일했다. 그렇게 2년 정도를 화물차 운전을 하며 일했다. 고향 집에 보태줄 여력은 없었는데 하루라도 빨리 돈을 모아 아버지 빚을 갚는 게 급선무였다.

한편, 아버지가 빌려준 돈으로 삼륜차를 사 한창 일에 매진하고 있을 무렵 뜻밖의 일이 발생했다. 내가 서울에 올라올 때 형은 고향에서 농사를 지으며 아버지를 돕고 있었다. 새어머니가 들어와 가정은 안정되었지만, 형과 새어머니의 관계는 썩 좋지 않았던 것 같다. 두 동생이야 나이가 어려 큰 문제는 없었겠지만, 이미 성인이 되었던 형의 처지에서는 여러 가지 갈등이 없을 수 없었다.

그런데 형이 집을 나가 연락이 되지 않는다고 아버지에게 기별이 왔다. 아마도 새어머니와의 갈등으로 가출을 감행한 것이다. 아버지도 자기 인생을 찾기 위해 나간 것으로 치부하고, 그러려니 했는데 입대 영장이 나왔다. 나는 큰집에 양자로 올라가 군대를 면제받았지만, 형은 대한민국 국민이라면 누구나 받게 되는 '청춘의 청구서'를 받은 것이다.

며칠을 수소문한 끝에 형을 찾았다. 당시는 입대 일자를 어기면 여지없이 탈영자가 되었고 처벌이 엄했던 시대였다. 결국 형은 무사히 입대했고 군에서 운전병으로 복무할 수 있었다.

3년 후 형은 무사히 제대했다. 성격이 내성적인데다 일을 주도적으로 해내지 못하는 성격이다 보니 취직이 어려웠다. 나는 그즈음 아버지에게 빌린 돈을 다 갚고 200만 원 정도 저축을 해놓은 상태였다. 형은 장손이어서 대를 이어야 했으므로 빨리 장가를 갔다. 벌이가 없는 상황에서 결혼생활을 할 수는 없었다. 나는 내가 모은 돈으로 형에게 작은 차 한 대를 사줬다. 운전해서 벌어 먹고살라고 했던 것이다. 다행히 형은 운전병 출신이어서 일을 무난히 할 수 있었다.

27세에 결혼,
새로운 출발선에서

　당시로서는 늦은 감이 있는 서른한 살에 결혼한 형이 단란하게 사는 모습을 보면서 불현듯 나도 결혼해서 안정을 찾고 싶다는 생각이 들었다. 하지만 자췻집과 직장을 시계 추처럼 반복하는 생활이다 보니 연애할 시간도 없었고 주위에 여자를 만날 수 있는 경로도 없었다. 우연스럽게라도 인연을 만들 기회조차 박탈당했던 것이다.

　옛말에 '짚신도 짝이 있다.'라고 했는데 왜 나는 인연을 만나지 못하는지 의문이 들기도 했다. 그러나 아직 나는 젊었다. 어릴 적부터 낙천주의자로 살았다. 낯선 환경에 놓일지라도 크게 위축되거나 상황을 비관하지 않고 긍정적으로 생각하는 쪽이었다. 평생의 인연이 억지로 만들어지는 것도 아니거니와 적절한 때가 되면 좋은 사람이 나타날 것이라는 생각으로 스스로 위안 삼기도 했다.

　한 영화의 제목처럼 인생은 참으로 아름다운 것이지만, 한편으로는 알 수 없는 것 또한 인생이기도 하다. 그래서 어느 중견 가수의 '알 수 없는 인생'이라는 노랫말처럼, 언제쯤 세상을 다 알 수 있는지, 얼마나 살아봐야 아는 것인지 잘 모르는 것이 인생인 셈이다.

내가 결혼하게 된 사연도 그렇게 알 수 없는 인연에 따라 전광석화처럼 이뤄졌다. 형이 장가를 간 해, 그러니까 내 나이 스물여섯 살에 같은 업종에서 알게 된 한 친구의 결혼식장에 가게 되었다.

식이 끝나고 지인들과 함께 피로연장에서 식사하고 있는데 웬 참한 아가씨 하나가 맞은편 자리에 앉는 게 아닌가. 그때까지 여자를 사귄 적도 없고 오래 대화를 나눠본 일도 없는 나였지만, 용기를 내 말을 붙였다. 식사하며 대화를 나누다 보니 신기하게도 말이 잘 통했다.

그렇게 연이 닿아 연락처를 주고받고 반년을 사귀었다. 연애하는 동안 서로에 대한 호감이 커졌고 결국 평생 함께하기로 했다. 처가에서는 나를 열심히 성실하게 일하는 건실한 청년으로 인정해 줬고, 본가에서는 그녀를 착하고 어진 심성을 지녔다고 판단했다.

내 나이 스물일곱 되던 해 4월에 결혼식을 올렸다. 수유리에 신혼집을 차렸다. 전세 30만 원짜리 단독주택 방 한 칸을 빌려 신혼살림을 시작했다. 태생적으로 허투루 돈을 쓰지 않고 성실한 나였지만, 가난하고 없는 집안에 시집을 온 아내에게 미안할 수밖에 없었다. 그렇지만 어렵고 힘든 와중에도 아내는 늘 밝고 웃음을 잃지 않았다.

결혼한 그해 12월에 첫아들 용석이를 낳았다. 아이를 출산하고 아내가 아주 아팠다. 애초 몸이 약했고, 없는 살림에 산후조리도 제대로 하지 못해 앓았던 것이다. 병원에 오랫동안 입원하면서 큰돈이 들어가기도 했다.

아내는 부지런하고 성실한 내 모습에 반해 결혼을 결심했다고 자주 말하곤 했다. 어려서부터 부지런함이 몸에 밴 내가 서울에 올라와 기반을 잡을 수 있었던 것도 어떤 일이든 게으르지 않고 성실히 했기 때문이었다. 그 점을 눈여겨본 아내는 내가 미더웠을 것이다.

그처럼 아내는 착했고 순했다. 아름다운 외모를 가진 여성은 눈을 즐겁게 하지만, 착하고 어진 품성의 여인은 마음을 기쁘고 풍성하게 하는 법이다. 아내는 그런 여자였다. 내가 직장생활을 거쳐 관광버스 회사를 창업할 때까지 아내의 내조가 없었더라면 잘 해내지 못했을 것이다.

그러나 사람도 변하게 마련이다. 유쾌하지 못한 일로 2003년, 결혼 28년 만에 아내와 이혼하게 되었다. 그렇지만, 스물일곱 살 그해 첫 출발의 마음 자세는 나나 아내나 크게 다르지 않았을 것이다.

2
장
—
나는 결코
머무르지 않는다.

시련과 희망의 교차로에서

내가 결혼할 무렵, 일제 15t 덤프트럭이 국내에 들어와 큰 인기를 끌고 있었다. 운송업계에서 어느 정도 자리를 잡은 나는 15t 트럭으로 영업을 하면 제법 쏠쏠한 이익을 얻을 것 같아 아버지에게 사업 구상을 말씀드렸다.

아버지는 내 얘기를 듣고는 대뜸 500만 원을 빌려주셨다. 1970년대 중반인 당시로서는 매우 큰돈이었다. 아버지 형편에 그런 큰돈은 없었지만, 워낙 신용이 좋은 아버지였기에 지인들에게 쉽게 빌릴 수 있었다. 고향 양평에서 '김영풍' 하면 무엇이든 다 내 줄 수 있을 만한 신용도를 자랑하고 있었다.

1970년대에 전 세계는 오일쇼크로 인해 복합위기가 찾아왔지만, 우리나라는 1960년대부터 꾸준한 경제성장과 함께 1970년대 중반부터 중동에 진출, 중동특수로 오일쇼크를 극복하는 디딤돌이 되었다. 그런 여파로 인해 화물차 운송업계의 활황도 이어지고 있었다.

내게 사업 운이 따랐던 것일까? 새 15t 트럭으로 영업을 하면서 돈을 꽤 벌 수 있었다. 1970년대 중후반의 좋았던 경기와 나의 성실한 자세가 맞물려 시너지를 낸 것이었다. 나는 이 세상 어떤 일, 어떤 사업이든 간에 성공의 요체는 '성실'이라고 생각했다. 여기에 '신용'이 있다면 금상첨화다. 그래서 어릴 적부터 나는 부지런했고 서울에 올라와서도 성실과 신용을 밑거름으로, 내가 꿈꿔 온 삶을 이루기 위해 무진 애를 썼다.

사서삼경 가운데 하나인 『중용(中庸)』에도 '성자물지종시 불성무물(誠者物之終始 不誠無物)'이라 해 성실의 중요성을 역설했다. '성실은 만물의 시작인 동시에 끝이며, 성실이 없으면 만물은 존재할 수 없다'라는 뜻으로, 인간의 삶과 운명은 물론 우주의 운행 원리에서조차 성실이 얼마나 중요한지 강조한 문장이다.

그렇게 성실히 일한 결실이 내게 돌아온 것이었다. 나는 더 효율적으로 일하기 위해 영업에 치중하기로 했다. 즉, 15t 트럭을 운전할 기사를 뽑아 운행만 담당하고 나는 일을 따는 데 온 힘을 쏟았다. 물론 기사의 급여를 줘야 하므로 일이 많지 않으면 자칫 손해를 볼 수도 있었다. 그러나 앞에서 언급했듯 경기 활황으로 인해 15t 트럭의 수요는 넘쳐났고 사방에서 일이 물밀듯 쏟아졌다.

그렇게 일이 잘 풀려나가고 있을 즈음 뜻하지 않은 불행이 내게 닥쳤다. 서른 살 때인 1978년의 일이다. 내 15t 트럭을 운행하던 기사가 상계동에서 교통사고를 냈는데 피해자가 사망했다. 당시 자동차 보험이 없던 시절로 인명 사고 특히 사망사고일 경우에는 운전자가 법적

삼륜자동차(출처:위키백과)

15톤 GMC 트럭

처벌을 피할 수 없었다. 당연히 차주의 책임도 따랐다. 영업이 잘되어 돈을 긁어모으기도 벅찰 만큼 일이 잘 풀리다가 맞이한 '아닌 밤중에 홍두깨'였다.

결국 운전자의 실책이 인정되어 기사는 구속되었고 사망자 가족에 대한 보상 책임은 차주인 내가 지게 되었다. 보상액은 1,000만 원으로 차를 팔아도 모자란 금액이었다. 그동안 모아뒀던 돈을 탈탈 털었고 전셋집을 빼서 보태고 여기저기서 빌려서 겨우 1,000만 원을 만들어 보상해 줬다.

다시 나는 빈털터리가 됐다. 설상가상으로 호전됐던 아내의 병세가 악화하면서 병원비도 감당해야 할 처지였다. 집도 사글세로 옮겨 생활했는데 그야말로 죽을 맛이었다. 15t 트럭을 살 때 아버지에게 빌린 돈도 갚아야 했다. 총체적 난국이 아닐 수 없었다.

몇 날 며칠을 술로 보내며 절망했다. 컴컴한 터널을 지나는 것처럼 한 치 앞도 보이지 않았다. 그때가 내 인생의 최악의 시기이기도 했다. 모든 것을 포기할까도 생각해 봤다. 그러나 그러기에는 인생이 너무 허무했고 나이가 아까웠다.

그때 어느 책에선가 읽은 일화가 하나 머리를 스쳤다. 정주영 현대 그룹 회장의 에피소드로, 그가 사업이 잘 안되어 청년 시절 공사판 노동자로 전전할 때의 일이었다.

정 회장이 숙식하던 함바집에는 유독 빈대가 많아 고생했다고 한다. 밤에 잘 때 어찌나 빈대가 물어대던지 도저히 견딜 수가 없어 그는 꾀를 하나 냈다. '식탁을 이어붙여 자면 높은 곳까지 올라오지는 않겠지' 하는 마음으로 식탁 위에서 잠을 잤다. 그러나 빈대는 탁자 다리를 타고 올라와 변함없이 무는 것이었다.

정 회장은 다시 머리를 써 다리 밑에 세숫대야에 물을 담아 놓았다. 설마 물을 무서워하는 빈대가 물을 건너 올라오랴 싶었던 것이었다. 이렇게 안심하고 자는 데 빈대에게 또다시 몸을 물린 것이다.

기가 막힌 정 회장은 잠을 자지 않고 빈대가 어떻게 올라오는지 관찰했다. 그랬더니 이들은 벽을 타고 천장까지 올라가 그곳에서 목표물을 향해 툭 떨어져 피를 빠는 것이 아닌가.

이 광경을 본 정 회장은 깊은 깨달음을 얻었다고 한다. '머리가 좁쌀알의 십 분의 일도 안 되는 녀석들도 살기 위해 저렇게 아등바등하는데 하물며 이렇게 큰 머리를 갖고 생각을 할 줄 아는 사람이 못 할 일이 무엇이란 말인가' 라는 라는 깨달음이었다.

나도 마찬가지였다. 미물도 그러할진대 조금 실패했다고 절망하거나 낙담할 필요가 없다는 생각이 들었다. 그러고는 하나의 문장이 퍼뜩 머리를 스쳤다. '급할수록 돌아가라'라는 옛말이었다. 더 떨어질 곳이 없는 바닥까지 내려간 인생은 올라갈 일만 남은 법이다. "그래, 우선 마음을 정리하자. 그리고 새로운 길을 모색해 보자. 아직 늦지 않았다."라고 마인드 컨트롤을 했다.

　머리도 식힐 겸 여기저기 다니면서 바람도 쐬고 운송업계의 상황도 살폈다. 당시 화물차와는 달리 버스 운전은 보통 1종 면허가 아니라 대형 1종 면허를 따야 했다. 화물차는 내가 영업을 해서 일해야 했기 때문에 일거리를 확보하기 위한 노력이 필요했다. 그러나 버스는 월급제로 고정 수입이 있으므로 영업에 대한 부담이 없었다. 잘 알고 지내던 친구의 권유도 있었다.

　버스 회사에 들어가기 위해 대형 면허 시험을 준비했다. 운전 경력 10년이 넘었지만 쉽지 않았다. 두 번째 도전 만에 면허를 딸 수 있었다. 방학동에 위치한 버스 회사에 취업하려 했지만 잘되지 않았다. 쉽게 취업하려면 버스 운전 경력이 있어야 했다. 나는 새벽 4시에 일어나 버스를 운전하는 친구 차에 같이 타 연습했다. 꼬박 한 달 동안 새벽 4시에 친구 차를 얻어타고 버스 운전을 익혔다. 한 달이 지난 후 나는 겨우 그 버스 회사에 취직할 수 있었다. 친구의 도움이 컸다.

　전화위복이었다. 화물차 차주로서 큰돈을 벌었지만, 사고로 인해 공든 탑이 무너졌고 절망했지만, 새로운 기회를 얻어 다시 일어설 수 있게 된 것이었다.

　위기는 늘 기회를 동반해 오게 마련이다. 위기(危機)의 한자어 중 '위'는 위험을 뜻하지만, '기'는 사실 기회를 의미한다. 기회(機會)의 한자어에 같은 '기'자를 쓰는 걸 보면 알 수 있다. 곧 위기라는 의미 자체가 그 안에 기회를 내포하고 있다는 사실이다.

    인생에서 좋을 때가 있으면 반드시 나쁠 때도 있다. 그리고 사실 좋은 시절보다 힘들고 어려울 때가 더 길고 많다. 인생의 성공은 좋을 때 어떻게 보내느냐보다는 나쁜 상황을 어떻게 대처하느냐에 달려있다고 해도 과언이 아니다. 15t 트럭 사고로 바닥까지 떨어진 나는 그렇게 기회를 잡아 재기에 성공할 수 있었다.

초원관광과 인연을 맺다

방학동에 있는 버스 회사에 취업한 나는 이후 성실하게 회사생활에 임했다. 15t 트럭 사고로 잃은 것들을 만회하기 위해서는 당분간 무리하지 않고 내가 서 있는 자리에서 최선을 다해 일해야 했던 것이다.

내가 맡은 노선은 종점인 방학동에서 서울역까지 오가는 20번 노선이다. 차츰 업무에 익숙해지면서 동료들과도 조금씩 속마음을 나누며 친해져 갔다. 더불어 과거의 나보다 더 열심히 일하고 남들보다 한 발짝 먼저 발을 내디딘다는 마음가짐으로 직장생활에 임했다. 모든 것을 잃은 상황이었던 당시의 나로서는 살아남기 위한 어쩔 수 없는 선택이었다. 이 회사가 내 마지막 직장이라는 생각으로 최선을 다했고 운행을 마치고서도 차를 살피고 또 살폈다.

조금씩 생활에 안정을 회복하면서 고향 집에도 시간 날 때마다 찾곤 했다. 결혼한 형도 서울에서 자리를 잡아 아무런 문제 없이 잘 살고 있었고 두 동생도 새어머니와 양평에서 잘 지내고 있었다. 양평에 내려가면 작으나마 동생들에게 용돈을 주는 것이 나의 낙이었다.

새어머니와는 단 며칠도 같이 살지는 않았지만, 동생들을 잘 건사해 키워주셨고 아버지와도 잘 살고 계셔서 감사한 마음이 들었다. 아버지와 새어머니께 송구했던 점은 내가 서울로 와 잘되어 기쁨을 드려야 했는데 여러 가지로 불운이 따르며 잘 안됐다는 사실이었다. 그러나 어려움도 많았고 불행도 겪었지만, 모든 게 잘 될 것이라 믿었고 무엇이든 열심히 하자고 자신을 다독였다.

회사에서 나는 유독 친화력이 컸다. 우선 나는 세상이란 혼자서는 살아갈 수 없는 곳임을 어릴 적부터 절실하게 깨달았고 주위 사람들과 더불어 살아야 한다는 사실을 철칙으로 삼아 사회생활을 이어왔다.

그 때문에 직장의 동료는 곧 내 분신이라는 생각으로 속마음까지 털어놓고 고민을 나누고 돕는 동지로서 인식했다. 사실 사회가 다 그랬다. 인간의 한자어인 '人間'에서 '사람 인(人)'자는 두 기둥이 서로 기댄 형상이다. 이는 사람이란 결코 홀로 설 수 없으며 서로 기대어 사는 존재임을 일깨워준다.

신입 직원이 들어오면 나는 먼저 다가가 말을 텄고 성격이 모나거나 좋지 않은 평판을 가진 동료에게도 살갑게 굴었다. 고민이 있는 동료와 함께 술잔을 기울였고 내 도움이 필요하면 기꺼이 먼저 달려갔다. 그렇게 동료들로부터 신뢰를 얻어나갔다. 신뢰를 얻는 일은 억만금을 버는 것보다도 더 중요하다. 나는 동료들에게 얻은 신뢰를 바탕으로 직장생활을 이어나갔다.

당시 버스 회사들에는 기사들의 권익을 위한 노동조합이 운영되고 있었다. 지금처럼 전국 단위의 노동조합 총연맹이 있어서 부문별로 연계해 운영하거나 강성 노동운동과 투쟁을 수행하는 노동조합이라기보다는 임금 협상과 고용 안정, 조합원의 권리, 사내 복지 등에 목소리를 내는 정도 수준의 조직으로 운영되고 있었다. 게다가 큰 이권이 있는 것이 아님에도 조합장 선거 때는 출신 지역별로 파벌이 만들어져 치열한 경쟁을 하는 구도였다.

회사 입사 3년 차에 접어들 무렵 동료들의 권유로 노동조합장 선거에 출마하게 되었다. 평소 대중 앞에 서서 말도 해 본 적도 없고 조직을 이끌 리더십 같은 것도 없었지만, 동료들이 극구 추천해 선거에 나선 것이었다. 당시 버스 회사의 암묵적인 관행으로는 노조 선거에서 떨어지면 회사를 나가야 했다. 당선된 상대 패거리들의 등쌀에 견딜 수가 없었기 때문이다. 왜 그런 관행이 생겼는지는 몰랐으나 어쨌든 회사를 계속 다니기 위해서는 투표에서 이겨야 했고 그렇기에 목숨을 걸고 선거에 임해야 했다.

나를 돕는 동료들과 머리를 맞대고 밤을 새워 공약을 만들고 노조 발전과 조합원 권익을 높일 방안을 짰다. 그렇게 몇 날 며칠을 고생고생하며 선거에 임했다. 투표 결과는 애석하게도 한 표 차의 낙선이었다. 이를 악물고 뛰었지만 아깝게 고배를 마셔야 했던 것이다.

나를 밀고 함께해 준 동료에게 너무나 미안했다. 조합장에 당선되어 그동안 회사생활을 하면서 기사들이 불편했던 사항이나 더 신바람

나게 일할 수 있는 여건을 만들겠다는 의지가 꺾였다는 사실보다 나를 믿고 도운 동료에 대해 미안함이 더 컸다. 여러모로 아쉽고 서운했던 선거였음을 부인할 수 없었다.

조합장 선거에서 패배하면서 나는 회사를 나와야 했다. 4년 동안 버스를 몰았으니 신물이 날 때도 되기는 했다. 회사에 사직서를 내고 며칠간 쉬면서 머리를 식혔다.

그런 와중에 한 지인이 "시내버스를 비롯해 여러 차를 운행해 봤으니 이제 관광버스를 해보면 어떻겠느냐?"라고 내 의중을 물어왔다. 평소 여행을 좋아해 그즈음부터 시간 날 때마다 여행을 다니는 내게 대한민국 구석구석을 누비는 관광버스 운행 제의는 마음을 움직였다. 당시 방학동에 있는 회사에 가기 전 '초원관광'이라는 회사의 차고지가 있었는데 회사에 오다가다 눈길을 끌던 곳이었다. 같이 일했던 동료 중에 관광버스 회사로 옮긴 친구도 적지 않았다.

당시 관광버스 회사에 취업하기는 일반 시내버스 회사보다 훨씬 어려웠다. 연줄이 있어야 금방 취직이 되었고 때로는 뇌물을 주고 입사하는 예도 많았다. 심할 때는 예비 입사자가 밀려 1년씩 기다려야 하는 일도 있었다. 전국을 통틀어 관광버스 회사는 채 20곳이 되지 않았을 시대였다.

4년간의 버스 운전 경력도 있고 달리 회사를 알아본 곳도 없어 지인의 제의를 흔쾌히 수락하고 초원관광에 입사지원서를 냈다. 그런데 시기가 맞았는지 아니면 내가 운이 좋았는지 한 번에 합격할 수 있었다.

   삼륜차 운전으로 시작해 15t 트럭의 차주가 되었다가 사고로 모든 걸 잃은 후 시내버스를 거쳐 관광버스 기사로 다시 새로운 삶을 연 것이었다. 1985년의 일로 내 나이 만 서른여섯 살 때의 일이었다.

부지런해라, 가난이 사라진다.

- 낙봉 김익수 -

근면과 성실이 가져다준 선물

관광버스 회사인 '초원관광'은 관광버스 40여 대를 보유해 관광회사 중 제법 큰 축에 속했다. 소속 기사 50여 명을 포함해 안내원 50여 명과 3~4명의 지정 정비사 등 직원 수가 100명이 넘었고 1,000평이 넘는 차고와 안내원 숙소도 보유한 메이저급 회사였다.

입사 후 얼마간은 대형 관광버스 대신에 크지 않은 중형차를 몰게 되었다. 열일 곱 살에 고향을 나와 한눈팔지 않고 열심히 살았던 나였지만, 큰 사고를 당하고 피해자에게 모든 것을 털어 보상해 준 이후로 나는 근근이 삶을 이어가는 현실이었다.

물론 낙심했던 적도 있고 무력감에 힘들었던 것도 사실이었으나 더 나은 미래를 꿈꾸며 '2보 전진을 위한 1보 후퇴'라는 마음으로 더 열심히 일했다.

인간은 짧지 않은 생애를 이어가며 그 사이사이에 겪는 갖가지 역경과 난관들 속에서 시나브로 성장하는 존재이다. 때때로 배를 침몰시킬 만큼 크고 날카로운 암초를 피하고 물리치는 과정에서 지치고 좌절도 하지만 이를 이겨내면서 내면의 성숙을 이루고 겸손해지게 마련이다.

이 세상에 성공적인 인생을 살아간 사람일수록 시련과 고통에 정면으로 맞서며 결국 이겨낸다. 나아가 그런 역경과 난관들을 자기 성숙과 발전을 위한 밑거름으로 삼아 타인들에게 본보기가 되는 삶을 이룬 이들도 적지 않다.

그렇기에 나는 더 열심히, 더 성실하게 하루하루를 살았다. 그즈음에 초원관광에서 지금의 반려자 유영숙을 만났다. 1972년부터 입사해 13년째 회사에 다닌 장기근속자로, 당시 직함은 유 실장으로 통했다.

당시 급여를 받으면 나는 돈을 거의 쓰지 않고 저축을 했다. 우선 돈을 모으는 것이 급선무였던 것이다. 돈이란 사소한 곳에 낭비하기 시작하면 가랑비에 옷 젖듯 조금씩 더 큰 곳으로 확대되기 마련이다. 서면 앉고 싶고, 앉으면 눕고 싶으며 누우면 자고 싶은 것이 본래 인간의 본성이다. 돈을 쓰는데, 낭비에 맛을 들이기 시작하면 그 규모가 조금씩 커지고 점차 분별력을 잃게 된다. 인간의 욕망엔 끝이 없기 때문이다. 아무리 돈이 많아도 결코 채워질 수 없는 갈증이다.

그렇다고 돈을 써야 할 때에는 아끼지 않았다. 반드시 써야 할 때가 되면 아낌없이 썼다. 당시 관광버스에는 기사와 함께 여성 안내원이 반드시 한 명씩 배당되어 함께 일했는데 기사와 안내원이 눈이 맞아 좋지 않은 소문이 나는 경우가 많았다. 그러나 나는 그렇게 한눈팔 수가 없었다.

남들보다 더 열심히 일해야 했고 예전에 내가 성취했던 결실보다 더

크고 알찬 성과를 이뤄야 했기 때문이었다. 당시 경리팀에서 일하던 지금의 아내도 나의 그런 모습을 보고 눈여겨봤다고 한다. 와이셔츠는 해지고 돈도 허투루 쓰지 않아 견실했고 기사들 사이에서도 평판이 좋아 믿을만한 구석이 많다고 느꼈단다.

그렇지만 내가 그렇듯 발에 땀날 정도로 열심히 살았던 것도 따지고 보면 그럴 만했기에 그렇게 한 것뿐이었다. 고향을 등지고 나올 때 아무것도 없이 맨주먹으로 나왔고 이후로도 헤쳐나가야 할 이 사회에서 살아남기 위해서는 어쩔 수 없는 선택이었던 것이었다. 나는 초원관광이 내 마지막 직장이라는 마음으로 하루 24시간이 모자랄 정도로 뛰고 또 뛰었다.

초원관광은 업계에서 아주 튼실한 회사 가운데 하나였기에 회사생활을 하는 데 큰 문제는 없었다. 나만 열심히 하면 언제든 인정받을 수 있는 곳이기도 했던 것이다. 하지만 그런 탄탄한 회사에도 다른 운수계통의 회사들처럼 파벌이 존재했다. 그 회사는 강원도 출신과 전라도 출신들이 힘이 셌다. 회사 사장이 강원도 출신이고 회장은 전라도 출신이기 때문이었다.

평소에는 두 곳 출신들의 알력이 눈에 보이지 않는데 조합장 선거를 비롯해 두 그룹이 겨룰 때마다 자연스럽게 불꽃이 튀기는 경쟁 구도가 되곤 했다. 기사들도 두 그룹 중 어느 한쪽으로 붙어 '시소게임'의 일원이 되는 것이다.

물론 나는 그동안 사회생활을 하며 키워왔던 눈치로 어느 쪽에 붙는 것이 더 유리한지를 아주 잘 알았다. 한 1년 회사에 다니다 보니 사장 쪽의 강원도 패가 더 유리했고 그래서 그쪽에 더 마음을 줬다. 튼튼한 동아줄을 잡은 것이었다. 사실 당시에 관광업계에는 그런 파벌싸움이 심했다. 좋은 그룹에 선을 대면 배차도 좋게 나고 일하기가 수월했다.

몸이 닳도록 엄청나게 열심히 일한 덕택에 나는 노동조합장은 물론 동료들 눈에 들었고 1년 만에 조합 총무 일을 보게 되었다. 제일 막내가 조합에서 중요한 자리인 총무가 된 것이다.

일도 일이려니와 사람들을 좋아하고 술 마시고 어울리기를 즐겨하는, 그리고 계산이 빠르고 막힘없이 일 처리를 잘하는 내가 당연히 그런 중요한 자리에 있어야 했다. 총무가 된 사실보다도 나를 인정해 주고 내 진가를 발견해 준 회사 선배와 동료들이 더 고마웠기도 했다.

그렇게 몇 년을 총무로 지내면서 회사생활에 익숙해져 갔다. 돈이 조금씩 모이면서 나는 여행을 다니기 시작했다. 서울에 처음 올라왔을 때 휘황찬란했던 모습에 매우 놀랐던 것을 기억하며 내가 가보지 못했던 곳, 그 지역의 생소하고 낯선 모습이 흥미롭고 매력적으로 다가왔다. 특히 해외여행이 자유롭지 못한 시대에 다른 나라의 이국적인 모습을 보며 많은 감흥을 느낄 수 있었다.

'여행은 많이 하면 할수록 좋다.'라는 것이 지금도 내 소신이다. 그 뒤로 나는 시간이 날 때마다 국내외를 막론하고 어디든 훌쩍 떠나 여행을 즐겼다. 특히 우리나라의 섬들은 거의 다 다녔던 것 같다. 우리나라의 섬은 유인도가 482개, 무인도가 2,876개인데 사람이 사는 유인도는 거의 가 봤다. 여행은 시야를 넓혀주고 생활 속에 낀 때를 깨끗이 씻어주는 윤활제 역할을 해줬다.

이렇게 초원관광에서 나는 생활의 안정을 찾았고, 그 안정이 여행을 다닐 수 있는 계기도 마련해 줬다. 이 모든 것이 근면과 성실이 가져다 준 선물이었다.

조합장에 오르다

　초원관광 입사 1년 만에 조합 총무 역할을 충실하게 해내면서 나는 동료 기사는 물론 타 직원들에게 깊은 인상을 남겼다. 똑 부러지게 일 잘하고 일머리가 있는 직원으로, 그리고 눈치가 빠르며 사람 좋아하고 친화력이 좋은 화합형 인간으로 인정을 받게 된 것이다.

　아무리 운이 없고 박복한 사람에게도 인생에 최소한 세 차례의 기회가 온다고 한다. 누구는 한두 번의 기회를 잘 살려 성공한 인생으로 만들며 평생 탄탄대로를 걷지만, 어떤 이는 여러 번 자신에게 다가온 기회를 놓치고 후회한다. 그런데 주목해 볼 점은 적지 않은 이들이 자기 삶의 성공을 이끌 기회가 언제 왔는지조차 모르고 지나쳐 버린다는 사실이다.

　하지만 나는 초원관광 입사와 몇 년간 회사를 위해 죽도록 뛴 것이 내 인생의 첫 기회라고 생각한다. 그러나 그것은 단순히 운이 아닌 내 노력이 더해져 시너지를 나타낸 것이었다. 사실 그 운이라는 놈은 자기 삶을 충실하게 살고 난 뒤에 부수적으로 따라오는 '부록'과도 같은 존재라고 나는 생각한다. 그렇기에 내 성실한 회사생활이 선행되었기에 그런 기회도 살릴 수 있었다.

입사 1년 만에 조합 총무를 하면서 나는 동료들과 마음을 나눌 수 있을 만큼 가까워졌다. 동료 기사의 생일은 물론 집안 대소사를 먼저 챙겼고 어렵고 힘든 일을 겪는 동료에게 먼저 다가가 손을 내밀고 따스한 말로 고민을 나눴다.

그렇게 남을 먼저 생각하고 조직 생활을 하다 보니 '굴러온 돌이 박힌 돌 뺀다'라며 시기하는 이도 가끔 있었으나 그런대로 회사에서 인정을 받으며 내 입지를 굳혀가고 있었다.

사실 관광버스 업무는 일반 시내버스나 고속버스 등 노선버스와는 일정한 차이를 갖는다. 영업에 큰 노력을 기울이지 않아도 되는 노선버스에 비해 매출이 사실상 영업력에 비례하는 관광버스는 그만큼 회사의 브랜드 가치와 경영진의 노력이 중요하다고 할 수 있다. 더불어 경기에 민감할 수밖에 없다. 시중에 돈이 도는 호황이어야 관광도 자연스럽게 할 수 있으니까. 그런 측면에서 초원관광은 다른 관광회사에 비해 이름값을 제대로 하는 회사였다.

막내로서 총무 역할을 충실히 한 뒤 몇 년이 흐르고 나는 초원관광의 조합장 선거에 나서게 되었다. 입사 5년 만의 일이었다. 관광버스 회사의 노동조합 조합장 역할은 매우 막중하다. 조합원의 권익을 위한 활동은 물론 조합 재정의 운용, 조합원 복지 등 조합 운영과 조합원에 관한 제반 모든 사항을 책임지는 자리이기 때문이다. 특히 조합장이 갖는 권한과 특혜도 있어 당시 조합장 선거는 어느 회사를 막론하고 치열한 양상을 보였다. 때로는 금품 살포나 표 매수 등 혼탁 선거를 하는 회사도 없지 않았다.

나는 동료들의 전폭적인 지지와 도움을 얻어 조합장에 당선되었다. 동료 기사들의 권익을 위한 자리이니만큼, 나는 눈앞의 작은 이익에 연연해서 혹은 특혜를 위해 조합장에 출마한 것이 아니었다. 오로지 조합원들이 원하는 바와 문제 해결을 위해서였고 조합의 발전을 위해서였다. 내가 불리한 상황에 부닥치더라도 좀 더 멀리 내다보며 대의에 따라 활동하고자 했고 합법과 원칙을 지키겠다는 소신으로 출사표를 던진 것이었다.

그런 선의를 인정해 준 조합원의 지지가 당선을 이끌었으며 3년 임기를 충실히 마치고 다시 3년을 연임했다. 1985년 입사한 해부터 1997년 초원관광이 부도가 난 해까지 12년 근무 중 절반인 6년을 조합장으로 보낸 셈이었다.

보통 조합장에게 주어지는 특혜가 있었는데, 한 달에 약 보름만 일하면 되고 시간을 자유롭게 쓸 수 있었다는 점이었다. 더불어 좋은 여건에서 운행할 수 있도록 배차 환경도 좋았다.

그러나 나는 최대한 조합장으로서의 특권을 개인의 이익을 위해 쓰지 않았고 오직 조합의 발전을 위한 수단으로 권한을 사용했다. 다른 조합장처럼 사무실에 앉아 시간을 보내거나 놀지 않고 조합 운영의 시간을 제외하고는 시간이 날 때마다 운행했다. 그래야 돈이 되니 어쩌면 당연한 일이었는지도 모르겠다.

확실했던 것은 초원관광에 입사해 일한 것이 내게는 좋은 선택이었으며 12년 내내 재미있고 의미 있게 일했다는 사실이었다. 회사에 애착을 뒀고 동료들이 좋았으며 그래서 힘든 중에도 두 차례나 조합장을 지냈다는 점이다.

조합장을 하면서 아내 유영숙과 더 가까워질 수 있었다. 업무상 자주 얼굴을 보다 보니 스스럼없이 이야기도 나눌 수 있었고 자연스럽게 친근한 감정이 생기기 시작했다. 그리고 초원관광에 다니며 조합장을 지내는 동안 나는 돈을 꽤 모았고 강동구에 아파트도 마련하며 안정적인 삶의 토대를 구축할 수 있었다.

초원관광 부도,
뒤처리를 자청하다

　초원관광은, 후에 나의 반려자가 된 유영숙의 먼 친척 아저씨뻘 되는 분이 운영하던 회사였다. 1972년부터 회사에 입사해 경리 업무를 비롯한 자질구레한 업무를 하던 나의 두 번째 아내가 된 그녀는 회사 내부 사정에 통달했다. 그렇기에 조합장 6년을 하는 동안, 아니 그 이전부터 나는 유 실장을 통해 회사의 생리와 분위기를 익힐 수 있었다.

　회사 초창기에 경영자였던 유 실장의 먼 친척은 회사를 차린 지 10년이 되지 않아 박 모 회장이라는 경영자에게 회사를 넘겼다. 내가 초원관광에 들어갈 당시에도 박 회장이 회사를 경영하고 있던 상태였다.

　유 실장은 1990년대 중반 즈음 사직하고 백운관광이라는 곳으로 스카우트 되었는데 여성만의 예감이었을까? 당시부터 회사가 점차 기울고 있는 것을 느꼈다고 한다. 나를 비롯한 다른 직원들은 전혀 눈치채지 못하고 있었는데, 회사의 실무와 자금 흐름을 눈여겨보았던 그녀는 단박에 회사에 문제가 심상치 않다는 사실을 느꼈던 것이다.

　1997년 초원관광이 부도났다. 그해는 우리 대한민국 역사상 가장 혹독한 해이기도 했다. 그해 새해 벽두부터 한보철강을 비롯해 기아자동차 등 내로라하는 대기업들이 잇따라 부도 사태를 맞더니 급기야 당시 동남아 국가들을 휩쓸며 광풍을 일게 한 외환위기가 우리나라에도 상륙했다.

그해 11월 21일, 미셸 캉드쉬 IMF 총재와 당시 임창렬 경제부총리가 IMF 구제금융 요청 협약에 사인하는 장면을, 우리 국민은 우울한 마음으로 TV를 통해 지켜봐야 했다. 이후 대기업은 물론 중소기업까지 많은 기업이 줄줄이 문을 닫았고 그나마 문을 닫지 않은 기업들은 구조조정을 통해 많은 직장인이 직장을 잃고 배회해야 했다.

초원관광도 그런 기업들처럼 문을 닫아야 했다. 애초 경제 상황도 어려웠지만, 초원관광이 부도를 맞게 된 직접적인 요인은 박 회장의 방만한 회사 운영과 불법적 사업 전개와 관련이 컸다.

1993~4년 즈음 박 회장은 이른바 '기생관광' 사업을 했는데 주로 일본인 남성 관광객을 대상으로 '요정'에서 접대부를 고용해 진행된 우리나라 관광산업의 흑역사를 장식한 사업이었다. 주로 '외화벌이'라는 이름으로 진행되었던 것으로, 이 사업을 하면서 박 회장은 큰돈을 벌었다고 한다. 그런데 '기생관광'은 엄연히 불법이었으며 이로 인해 박 회장은 구속되어 1년간 옥살이를 해야 했다. 최고 경영인이 감옥에 들어가 있으니 회사가 어려움에 빠질 수밖에 없었다.

박 회장이 출소하고 나와 보니 매출도 많이 추락했고 자금 압박도 심해지면서 회사 경영이 어렵다고 판단해 매각을 시도했다. 그러나 그마저도 여의치 않으면서 악순환이 계속되었다. 자금 융통도 신통치 않으면서 급여도 한두 달씩 밀리자 회사를 떠나는 기사가 한둘씩 늘었다.

당시 초원관광 영업부장으로 있던 인사가 경영의 심각성을 깨닫고 박차고 나가 회사를 차렸고 유 실장도 그를 따라 신생 회사인 백운관광으로 자리를 옮겼던 것이다.

그러나 나는 조합장을 맡고 있으면서 그런 낌새를 알아차리지 못했다. 회사가 어려움에 빠진 형편은 어느 정도 알고 있었지만, 그렇듯 부도가 날 정도로 힘든 상황인지는 몰랐다. 100명이 넘는 직원을 가진 회사가 그렇게 쉽게 망할 거라고는 전혀 예상하지 못했던 것이다.

회사를 운영하다 보면 어떤 기업이 되었든 위기가 없을 수 없다. 인생과 마찬가지로 세상의 모든 일이 다 그렇다. 좋을 때가 있으면 나쁠 때가 있고 잘 나갈 때가 있으면 힘겨운 시기도 있는 법이다. 중요한 것은 그 힘든 시기, 어려운 상황에서 어떻게 회사의 문제를 수습하고 해결하느냐이다. IMF까지 겹쳐 더 어려운 상황에서 부도 위기를 맞자 초원관광 경영진은 손을 놓아버렸다. 당장 돌아오는 어음을 막고 회사를 살릴 방책을 시도해야 함에도 1997년 1년 동안 3개월에 한 차례씩 사장이 바뀌며 버스 한 대씩 팔아먹고 물러나는 것이었다.

"이러다 회사가 통째로 날아가겠네. 뭔가 특단의 대책이 필요하다."

동료 기사들이 한둘씩 떠나가는 걸 지켜보며 나는 뒷마무리를 자처했다. 6년 동안 조합장으로 있으면서 회사의 대소사를 챙기는 것은 물론 조합원, 동료 기사에게 필요한 것이 무엇인지, 그들의 요구가 뭔지를 정확히 파악하고 있었다.

경영진이 발을 빼고 있는 상황에서 회사를 지키기 위한 수습은 내가 맡아야 한다는 생각뿐이었다. 그렇게 한다고 내게 돌아오는 것은 땡전 한 푼 없었다. 더욱이 경영진은 물론 조합원과 기사, 안내원들이 자기 잇속만 챙기려 하는 분위기여서 어떻게든 그들에게 몇 푼이나마 쥐여 주게 할 방도를 찾아야 했다.

당시 첫 번째 아내는 내가 몇 달째 급여를 받지 못하자 회사 분위기를 감지하고는, 빨리 다른 곳에 취직하거나 돈 벌 궁리를 하라고 성화였다. 그렇지만 내게는 그런 말이 당장 귓등에도 들어오지 않았다.

그렇게 몇 달을 사명감 하나로 초원관광이라는 회사가 넘어가지 않도록 혼자 분주하게 뛰며 버텼으나 결국 1998년 최종적으로 문을 닫았다. 나중에 국가에서 지원금으로 약 1억 4,000여만 원을 받아 남아있는 직원들에게 조금씩 나눠준 것으로 초원관광은 최종 마무리되었다.

12년간 근무했던 초원관광이 서서히 무너지는 광경을 보며 나는 우울했다. 앞으로 어떻게 해야 할지 걱정보다는 알 수 없는 무력감이 밀려왔다. 사람이든, 기업이든 끝이 좋아야 다 좋다는 말이 있는데 초원관광의 끝은 그리 썩 좋아 보이지는 않았다.

부도나기 몇 년 전 박 회장이 불미스러운 사업 운영으로 구속되고 난 후 회사가 어려워지고 자금 압박이 심해지는 모습을 보면서 나는 "나라면 저렇게 회사를 운영하지 않겠다."라고 생각했다.

방만한 경영은 절대 금물이다. 무엇보다 안정적인 경영이 중요하다는 게 당시 내 생각이었다. 회사가 안정적이어야 한다는 사실은 결과적으로 기업의 사회적 책임을 강조하는 또 다른 표현일 것이다. 경험이 없는 분야에 뛰어들거나 흥청망청 방만한 운영을 하다 도산하면 그 피해는 직원들뿐만 아니라 고스란히 사회가 떠안게 되는 법이다. 그래서 경영진의 실책으로 인해 기업이 쓰러지는 것이 더 쓰리고 아프다.

초원관광이라는 회사의 모진 운명을 나는 그냥 받아들일 수 없었다. 무슨 수를 써서라도 운명의 길을 바꿔놓겠다고 나는 결심했다. 이럴 때는 단순무식하게 내가 생각하는 쪽으로 밀고 나가는 것이 최선이라고 결론지었다.

나는 박 회장을 찾아가 단도직입적으로 말했다.

"회사를 제게 넘겨주십시오. 제가 12년 동안 일했던 경험으로 회사를 다시 살리겠습니다. 그럴 자신이 있습니다."

그러자 돈 있느냐는 어이없는 답변이 돌아왔다. 내가 회사를 살릴

터이니 넘겨달라는 말을 박 회장은 코웃음 치며 단칼에 거절했다. 그래서 "얼마면 되냐?"라고 물었다. 곧 박 회장의 입에서 '10억 원'이라는 어마어마한 금액이 나왔다. 어처구니가 없었다. 직원도 다 떠나고 회사의 자산이었던 버스도 다 팔아 빚 갚는 데 쓰고 남은 건 이름밖에 없는 회사, 자산 가치가 거의 없는 회사를 그런 큰돈을 받고 넘기겠다는 심산이 몰염치하다는 생각이 들었다.

'그래, 이것이 초원관광과의 인연의 끝이구나. 이제 새로운 길을 모색해야 할 때인 듯하다.' 그것으로 끝이었다. 12년간 정들었던 그 회사와 종지부를 찍었다.

3
장

—

경영에의 도전,
더 넓은 세상을 향한 질주

열매

유영숙여사 作

드디어 삼성관광 창업,
내 인생의 변곡점

화(禍)는 겹쳐서 온다고 했던가? IMF로 온 나라가 어려웠던 시절, 초원관광이 문을 닫으면서 나는 서울에 올라온 이후로 처음으로 깊은 절망감에 빠졌다. 서른 살 때 15t 트럭의 차주로 돈을 벌다 고용했던 기사가 뜻하지 않은 사고를 냈을 때보다 더 암울했다. 당시는 아직 젊었고 미래에 대한 희망이 있었다.

하지만 초원관광이 문을 닫고 내가 실직자가 됐을 때는 이미 내 나이가 쉰 살이었다. '지천명(知天命)', 즉 하늘의 뜻을 아는 나이에 나는 하늘의 뜻은커녕 당장 내가 서 있는 곳에서 한 치 앞도 모르는 형편이 되었다.

"무엇을 할 것인가?"

나는 며칠간 머리를 식히려 이곳저곳을 다니며 앞으로 어떻게 살아가야 할지 고민하고 또 고민했다. 그때 퍼뜩 지금의 아내 유영숙 실장이 머리에 떠올랐다. 1972년부터 20년 이상 초원관광에서 잔뼈가 굵은 그녀는 백운관광으로 직장을 옮긴 후였다.

6년간 조합장을 하면서 업무적으로 많은 얘기를 나누며 친해졌고 무엇보다 일하는 방식과 심지가 굳은 성정이 믿음직했던 동료였다. 특히 어릴 적부터 가장 역할을 하며 홀어머니와 동생들 뒷바라지하는 모습이 인상 깊었다. 더욱이 그녀는 돈을 허투루 쓰지도 않았고 돈을 모으는데 주력했던 사실을 알고 있었다. 그녀가 모은 돈이 많아 종종 돈을 꿔달라는 기사들이 많았다. 신용만 있으면 어떤 기사든 돈을 빌려주는 장면을 자주 보기도 했다.

초원관광에서 오랫동안 조합장을 하면서 회사 운영을 지켜봤고 회사를 정리하면서 사업에 대한 요령과 노하우를 배웠던 나로서는 직접 회사 운영을 해보겠다고 박 회장에게 거래를 시도했었다. 그렇기에 돈만 있으면 새로운 회사를 차려도 되겠다는 생각에 이르렀다.

"그래. 유 실장과 함께 회사를 차려 동업해 보자."

사람들은 자신이 결정을 내리고 난 후, 그 결정이 정당하다는 인정을 받고 싶은 심리로 상대의 의견을 구할 때가 종종 있다. 일종의 '인정욕구'라고 할 수 있는데 상대의 의견이 중요한 것이 아니라 자신이 내린 결정에 대한 확신을 확인하는 과정이기도 하다.

나는 곧바로 백운관광에 근무하고 있던 유 실장을 찾아갔다. 사업계획에 대해 진지하게 듣고 있던 유 실장은 내 말이 끝나자 내 눈을 쳐다봤다. 내 진심을 보고자 했던 것일까? 이윽고 유 실장의 입에서 제안을 흔쾌히 수락하는 답이 흘러나왔다.

훗날 아내에게 사업을 제안했을 때 단번에 수락한 이유를 물은 적이 있었다. 그때 아내의 말은 뜻밖이었다. 내가 신뢰할 수 있는 사람이라거나 사업 수완이 있어 보였다는 답을 기대한 내게 "나도 잘 모르겠다. 그게 나도 의문이다."라고 답했다.

물론 10년 이상 초원관광에서 함께 일하며 알게 모르게 나에 대한 믿음이 쌓였을 것이다. 그리고 회사가 부도났을 때 아무런 이득이 없는데도 뒷마무리를 깔끔하게 처리하는 모습에 신뢰가 커졌을 것이다. 그렇다고 하더라도 거의 빈손이었던 나와 손잡고 작지 않은 돈을 투자해 회사를 함께 설립할 수 있었던 것은 대단한 용기와 결단이 아니고는 불가능했다.

뭔가 새로운 일을 시작하면 누구든 불안하고 움츠러들기 마련이다. 무엇보다 실패의 가능성을 생각하고 여러모로 고심할 수밖에 없다. 그러나 아이들은 훨씬 유연한 사고를 갖고 무엇이든 쉽게 다가선다. 조금 위험이 있다고 하더라도 일단 시작하는 것이 어린아이의 모습이다. 그것이 다름 아닌 순수의 힘이다. 나는 그런 어린아이의 심정으로 '일단 도전'을 선택했다.

나는 통장에 있는 돈과 여기저기서 끌어모은 돈 4,000만 원에 집을 담보로 1억 원을 대출받았다. 여기에 유 실장이 1억 6,000만 원 정도 투자해 3억 원으로 일단 첫 출발을 했다.

우선 경영이 어려운 회사를 찾아 인수해 새로이 리모델링을 하는 게

맨땅에 창업하는 것보다 낫다고 생각했다. 그래서 여기저기 찾다 보니 관광버스 10대를 보유한 에버랜드관광이라는 작은 회사가 눈에 띄었다. 퇴역한 군인이 경영을 맡은 회사였는데 사업 경험이 없다 보니 거의 폐업 수준의 회사로 전락했다. 싼 가격에 그 회사를 인수했다. 당시 에버랜드관광은 보유 차량 10대 가운데 석 대만 자사 보유 차량이었고 나머지는 이른바 '지입차'였다.

당시 운송업계의 최대 이슈는 '지입차'였다. '지입'이라는 새로운 물류 체계가 등장한 것이었는데 이 시스템은 IMF를 계기로 도입되고 정착되었다. '지입'은 기사가 차를 구매한 후 회사를 통해 영업용 번호판을 임대하여 이를 장착하고 여객 화물을 운송하는 형태의 시스템이다.

기사가 화물차 혹은 버스 운전에 필요한 영업용 번호판을 임대하는 이색적인 시스템이 등장한 이유는, 과거 '화물차 운수 사업법'에서 5t 이상의 일반화물운송업을 운영하기 위해서는 최소 20대의 화물차를 보유해야 사업 허가를 낼 수 있었기 때문이다. 이에 자본력이 없어 차량 구매의 감당할 여력이 없는 사업주와 화물운송을 하고자 하는 기사의 이해가 맞아떨어져 생겨난 독특한 시스템이었다.

관광버스를 비롯한 버스도 마찬가지였다. 버스 회사를 설립하려면 '여객자동차 운수사업법'의 시행규칙에 따라 최소한의 인가 대수를 보유해야 했다. 광역단체 시의 경우 시내버스는 40대, 기초단체는 30대이며 시외버스도 30대 이상을 보유해야 한다. 관광버스는 상대적으로 적은 20대였다.

에버랜드관광의 이름을 삼성관광으로 바꾸고 중고 버스 10대를 더 사들여 정식으로 설립 신고를 냈다. 유 실장은 초기 자본금만 투자하고 당분간 백운관광에서 근무했다. 1998년 3월 1일, 드디어 삼성관광이 세상에 얼굴을 내밀고 첫 출발을 알렸다. 회사는 집에서 가까운 강동구 강동경찰서 인근에 자리를 잡았다.

IMF가 터진 지 4개월, 초원관광이 문을 닫은 지 불과 약 두 달여 만에 회사를 창립한 것으로, 나는 난생처음 CEO 자리에 올랐다. 나와 유영숙 실장 그리고 지인 한 명을 등기 이사로 올려 회사의 경영진을 구성했다.

당시 IMF로 대한민국의 많은 기업이 도산하거나 구조조정으로 회사의 몸피를 줄이는 와중에 회사를 만든 것이었다. 나를 알고 있는 사람 중 상당수가 "미친 것 아니냐?"라며 걱정했고 "1년 안에 문 닫는다."라며 손가락질하는 이도 있었다.

그러나 나는 성공할 자신이 있었다. 우선 관광버스 업계 현장에서의 오랜 경험이 큰 자산이었고 늘 현장에서 업계 돌아가는 상황을 보고 들은 것 또한 적지 않았다. 더군다나 15t 트럭 화물차주 시절과 초원관광 부도 시절 등 두 차례의 뼈아픈 실패 경험이 있었기에, 무리한 욕심이나 허세를 버리고 철저히 확인하고 계산했기 때문에 누구보다도 안정적인 경영을 펼칠 수 있는 능력이 있다고 생각했다.

1998년 나는 그렇게 삼성관광의 대표이사가 되었고 그 해는 내 인생의 또 다른 변곡점이 되었다.

신용 하나로
성장 가도를 달리다

    삼성관광 창립 후 곧바로 큰일이 하나 들어왔다. 운 좋게도 백운관광에 재직했던 유 실장이 큰 건을 물어다 준 것이다. 물론 내 신용이 없었다면 불가능했던 일이었다. 클라이언트 역시 나를 알고 있었기에 흔쾌히 삼성관광과 손잡고 일할 수 있었다고 한다.

    삼성관광 창립에 많은 지인이 걱정했던 이유는 문을 연 시점이 IMF 직후여서이기도 했지만 나와 유 실장이 회사를 차린다는 사실을 우습게 본 탓도 있다. '경영의 'ㄱ'자도 모르는 풋내기들이 회사를 설립한다고?' 하는 분위기였다고 해도 과언이 아니었다.

    그러나 나는 코웃음을 치는 그들의 코를 납작하게 만들겠다는 마음으로 눈가리개를 한 경주마처럼 좌우 살피지 않고 밤낮없이 뛰었다. 회사 운영의 경험이 없더라도 잘할 수 있다는 사례를 보여주고 싶었다. 나는 사무실 한쪽에 '바람을 타고 거센 물결을 헤쳐가라.'라는 의미의 사자성어인 '승풍파랑(乘風破浪)'을 붙여놓고 뜨거운 각오를 다졌다.

유 실장은 백운관광을 정리하고 곧 합류했다. 우리는 새벽잠도 줄여 기사들이 나오기도 전인 새벽 4시면 출근했다. 나는 먼저 차고로 가 차량에 문제가 있는지 점검하고 기사들이 출근하면 일보를 받는다. 수금해 온 장부를 확인하고 배차와 차량 정비, 조합과 관공서 관련 업무를 봤다. 유 실장은 외부 일정을 주로 담당했으며 배차 업무와 여행사, 관광버스 회사대표, 고객을 만나 일을 따오는 역할을 했다.

사실 동업은 깨지기 쉽다. 처음엔 의기투합해 잘 운영될지 몰라도 시간이 흐를수록 서로에 대한 믿음에 균열이 생기게 마련이다. 대부분 그런 경우는 작고 사소한 문제로 다투거나 돈과 관련된 일일 때가 많다. 작은 일에 감정을 상해 그것이 점차 확대되고 곪아가면서 결국 대폭발을 일으키게 되기 마련이다. 그래서 사소한 마찰을 피하고 내가 조금 더 손해 보고 더 일한다는 마음 자세로 대하면 제법 훌륭한 동업 관계를 유지할 수 있다.

더불어 동업 관계에서는 역할 분담을 명확히 할 필요가 있다. 동업하더라도 각자의 역할을 정하고 명확하게 역할 분담이 잘 되었다면 절대로 상대방의 영역을 침범하지 말아야 한다. 나와 유 실장은 그런 점에서 훌륭한 동업자였다. 영업과 고객관리 및 대외 관계는 유 실장이, 기사 등 인사 관리와 차량 점검 등은 내가 맡아 처리했고 서로의 역할에 대해 평가하거나 판단하는 것은 철저히 금했다.

특히 우리는 돈 버는 것보다 신용을 더 중요시했다. 비록 돈이 없어 투자가 잘되지 않더라도 신용만 있다면 사업에 아무런 문제는 없다고 생각했다. 신용이 바로 돈을 만들어 주고 사업의 성공을 이끌기 때문이다.

신용이 사업에서 무척 중요하다는 사실은 현대그룹의 故 정주영 회장 일화에서도 나타난다. 1940년 서울에 올라와 단돈 700~800원으로 '아도 서비스'라는 자동차 정비공장을 열어 사업을 시작했던 정 회장은 3,000원을 사채업자에게 빌려 공장을 짓게 되었다. 총 소요 금액 5,000원의 60%에 해당하는 큰돈이었다. 그런데 불행하게도 공장을 세운 지 불과 닷새 만에 큰불이 나서 공장이 그만 잿더미로 변하고 말았다.

고민 끝에 정 회장은 다시 사채업자에게 찾아갔다고 한다. 사죄하거나 빌린 돈을 갚기 힘들다는 말을 들을 줄 알았던 사채업자는 정 회장으로부터 전혀 예상하지 못한 말을 듣게 되었다. 정 회장은 다시 3,000원을 빌려달라고 부탁했던 것이다.

그런데 더 놀라운 일은 그 뒤에 일어났다. 사채업자가 정 회장의 부탁을 선뜻 들어주며 3,000원을 내줬다고 알려졌다. 정 회장에게 믿을 만한 신용이 있었기 때문이었다. 신용이 이렇게 중요하다.

나 역시 업계에 몸담았던 동안 신용을 쌓기 위해 엄청난 노력을 했고 이는 유 실장도 마찬가지였다. 신용이 있으면 따로 영업하지 않아도 입소문을 타고 일이 들어왔다. 고객이 먼저 나와 일하겠다고 찾아오는 것이다.

보석이 값비싼 이유는 바로 희소성에 있다. 신용 역시 마찬가지다. 서로 속이고 자신의 이익만 생각하는 사회에서 신용의 가치는 더 높아지게 마련이다. 성공한 이들은 그런 역설을 육감으로 이해한다.

삼성관광은 신용을 바탕으로 기반을 다졌다고 해도 과언이 아니다. 창립 첫해인 1998년 중고차 3대와 17대의 지입 차로 시작했던 회사는 4년 만인 2002년에 와서는 거의 회사 소유의 차량으로 바뀌어 있었다. 지입 차를 그만두는 기사에게 찾아가 차를 인수했던 것이다.

창업 1년 후에는 유 실장의 남동생이 여행사를 차려 삼성관광 사무실에 작은 공간을 내주고 협업을 했다. 여행사 쪽으로 들어온 일도 삼성관광에서 맡아 하면서 시너지를 내게 되었다. 그렇게 회사는 조금씩 성장해 가고 있었다.

'情'의 경영과 근검절약, 신용으로 이룬 과실

찢어지게 가난했던 어린 시절, 부모님으로부터 사랑을 받고 살아야 했을 그 시절에 어머니를 여의고 나는 무척 외롭게 살았다. 열일곱에 서울로 올라와 일만 하며 살 때도 그 외로움은 나를 떠나지 않고 늘 내 곁에 머물렀다. 그래서인지 나는 평생 '정'에 굶주렸다.

결혼 후에도 가족들의 정을 갈급하며 살았지만, 결국 첫 아내에게도, 하나뿐인 아들에게도 정을 얻기 어려웠다. 삼성관광을 차리고 경영자가 된 이후에도 끊임없이 그것을 찾아 뛰었다.

나는 회사 경영도 '정'의 정신으로 해야 한다고 생각하는 쪽이다. 이해타산에 능한 사람들은 그것을 '온정주의'라고 말하며 경계해야 할 것들 목록에 가장 앞에 놓지만, 나는 '정'의 따스함이 모든 걸 가능케 하는 힘이 있다고 믿는다. 조직에서 정은 상사와 부하 직원의 딱딱하고 사무적인 관계도 부드럽게 풀어주는 촉매제가 된다. 정은 가족 같은 핏줄에게나 가능한 것으로 생각지 않는다. 그렇다고 해도 어차피 회사의 직원들도 확장된 의미의 가족이 아니던가.

어쨌든 삼성관광 경영의 기본 베이스는 그 정에 기초했다고 해도 틀림없다. 함께 동업했던 지금의 아내도 마찬가지였다. 직원들에게 대하는 방식은 달랐지만 그 내면에 흐르는 마음은 똑같았다.

예를 들어 기사가 잘못하면, 유 실장은 그 자리에서 단도직입적으로 잘잘못을 따진다. 잘못을 지적하고 확실히 교정할 수 있게 하는 것이다. 물론 대부분 직원은 기분 나빠할 수도 있다. 그러나 유 실장은 뒤끝이 없었다. 그런 후 저녁때 내가 그 친구와 술 한잔하면서 달랜다. 그러면 웬만한 일은 다 풀어지게 되어 있다. 정이 없다면 그렇게 할 이유도 없고 가능하지도 않다. 그러니까 당근과 채찍을 적절히 활용해 경영을 이어온 것이었다.

한편, 삼성관광 창업 후 얼마간은 매출을 생각지도 못했다. 직원 급여 등 당장 급전이 필요했다. 때마침 회사 근처 중소기업은행 지점이 있었는데 지점장이 직접 관내 기업을 대상으로 신규 고객 유치를 위한 영업을 뛰고 있었다. 삼성관광으로서는 자금을 빌릴 수 있는 천금 같은 기회였다. 어쩌면 하늘이 준 인연인지도 몰랐다.

나는 즉시 그를 만나 신생 회사인데 자금이 부족하니, 돈을 좀 빌려달라고 운을 뗐다. 그러자 그는 당장 마이너스 통장을 만들어줬다. 초기 1~2년간은 그 돈으로 버텼다고 해도 과언이 아니었다.

매출은 꾸준히 늘었다. 신용이 있고 서비스가 좋아지니 자연히 일거리가 늘어날 수밖에 없었다. 처음 1~2년은 운영비가 더 많았지만, 그

후로 조금씩 이익이 증가했다. 그렇게 3~4년이 흘렀다. 처음에는 중고차로 시작했지만 어느 정도 시간이 흐르자 새 차를 사들여 운영해야겠다는 생각이 들었다. 물론 그만큼 돈이 드는 일이었지만, 고객의 신용을 얻기 위해서는 반드시 해야 할 일이었다.

다시 거래 은행인 중소기업은행을 찾아갔다. 새 차 구매를 위해서는 약 5억 원이 큰돈이 필요했는데 서류 절차도 까다롭지 않게 5억 원을 대출해 줬다. 신용대출인 셈이다.

그 돈으로 새 차 세 대씩 두 번을 신청했다. 당시 새 차의 가격은 대당 6,800만 원가량 됐는데 두 차례에 걸쳐 여섯 대를 구매했던 것이다. 빌린 5억 원의 돈은 5년짜리 적금을 들어 매달 150만 원씩 갚아나갔다. 할부를 붓는 것처럼 빚을 갚아 나갔다. 보통 할부 차를 사는 형태인데 우리는 그렇게 현찰을 주고 사서 할부금으로 갚았다.

그렇게 한 3년을 하니 새 차는 다시 중고차가 되고, 그 중고차를 팔고 다시 은행에서 돈을 빌려 새 차를 사고 다시 할부금을 갚고 하니 은행의 신용은 계속 쌓여갔다. 10억 원이라는 적지 않은 돈도 쉽게 대출이 되었다.

그렇게 회사는 폭풍 성장을 이어나갔다. 이는 직원들을 가족과도 같이 대하는 '정'에 기반한 경영과 신용 그리고 나와 아내가 삶의 신조로 생각하는 근검절약 정신을 바탕으로 이룬 결실이었다.

서울 전세버스 운송사업 조합 활동과 협동조합 운영

삼성관광을 창립하고 나서 어느 정도 자리를 잡아가기 시작한 2000년 후반의 어느 날, 서울 전세버스 운송사업 조합 이사장이 나를 찾아왔다. 명함과 함께 두꺼운 손을 내밀며 악수를 청한 그는 사람 좋은 얼굴을 한 중년의 신사였다.

"김 사장님, 회사를 차렸다는 소식은 들었습니다. 이제 우리 조합에 들어와 같이 활동을 좀 합시다."

그렇게 운을 뗀 이사장과 만나서 이런저런 얘기를 나눈 결과 그는 나에 대해 소상히 알고 있었다. 속된 말로 운전대를 잡았던 놈이 관광버스 회사를 차리고 사업을 한다고 하니 조금 특이하게 보였던 것 같다. 아마도 여기저기 수소문해 나의 뒷조사를 자세하게 하고 온 것 같았다.

당시 서울 전세버스 운송사업 조합은 전세버스 운송 사업자들의 이익을 대변하고 버스 운송 서비스의 질을 향상하기 위해 설립된 전세버스 사업자들의 조직체였다. 1966년 '자동차운수사업법'에 의거, 8개 업체가 참여해 관광교통사업 조합을 결성한 것이 시발점이었는데 지금은 약 90개에 육박하는 회원사를 거느리고 있다.

이사장은 조합의 규모와 역사, 운영방식, 회원사 등의 정보를 내게 소개하고 함께 활동하며 회원사로서 같이 성장해 나가자고 진심 어린 마음으로 회원 가입과 활동을 부탁해왔다.

삼성관광으로서도 과히 나쁘지 않은 제안이었다. 조합은 업계 발전을 저해하는 요인과 공공의 정책들을 조사, 발굴해 정부에 건의하기도 하고 대차 및 폐차를 비롯해 지도점검 업무, 사업계획 변경 등 정부 위탁업무도 수행하고 있기에 사업 운영과 관련한 여러 가지 도움도 얻을 수 있을 것 같았다.

특히 신규 운전기사 교육과 기존 기사의 보수교육, 불법 영업소와 자가용 버스의 영업 행위 등 사업 경영 과정에서 직접적으로 도움이 되는 활동이 이뤄지는 부분은 꼭 필요한 것이어서 가입하지 않을 이유가 없었다.

그렇게 2001년부터 삼성관광은 서울 전세버스 운송사업 조합 회원사로 참여했고 나는 노사 분과 위원으로 발을 담그며 활동을 시작했다. 조합에는 이사장 이하 기획관리 파트를 비롯해 기획 분과, 제도개선 분과, 노사 분과 등의 분과위원회와 사무 파트 등으로 조직되어 있었는데 내가 활동한 노사 분과는 운전기사의 임금 체불 문제나 노동 애로사항의 청취와 해결을 담당하는 파트였다. 아무래도 초원관광 부도 후 책임감을 느끼고 뒷수습을 자처해 깔끔히 마무리했던 전력이 있어 노사 분과에 배정된 것 같았다.

그렇게 나는 2001년부터 2006년까지 노사 분과 위원으로 활발한 활동을 이어갔고 동시에 조합 이사직과 감사직을 번갈아 맡으며 조합 발전에 적지 않은 이바지를 할 수 있었다.

그런 공로를 인정받아 2006년 11월부터 6년간 노사 분과를 총괄하는 위원장과 동시에 부이사장 직책을 맡아 책임 있는 조합 운영에 관여하게 되었다. 특히 노사 분과위원장과 노사 협력위원장으로서 회원사의 노사 문제를 큰 잡음 없이 원만히 해결해줬다. 회원사 대표들이 경영하는 처지에서 가장 골치를 썩이는 것이 바로 노사분규였으며 조합의 가장 핵심적인 업무가 노사 문제를 해결하는 것이었다. 그런 중요하고도 골치 아픈 문제를 잘 해결해 주니 회원사 대표들에게 노사 문제를 총괄했던 내가 인기가 없을 수 없었다.

이에 따라 많은 회원사의 응원을 힘입어 나는 2012년 12월, 조합 이사장 선거에 출마하게 되었다. 나는 회원사 대표를 한 사람 한 사람 만나며 지지를 호소했고 조합의 발전과 성장을 바라는 이들을 등에 업고 압도적인 승리를 확신하고 있었다.

그런데 막상 선거가 끝나고 표를 개봉하자 놀라운 반전이 기다리고 있었다. 선거 내내 전반적인 분위기도 좋았으나 모든 선거가 그렇듯 돈의 힘 앞에서는 모든 것이 무력할 수밖에 없었다. 이사장 선거 경쟁자는 회원사 대표들에게 돈을 뿌리며 표를 매수했다는 소문이 무성했다.

1표라는 간발의 차 패배. 아쉬웠지만 어쩔 수 없었다.

엄연한 금권 선거라고 의심이 가기에 문제를 제기할 수 있었지만 참았다. 처음에 나를 찍겠다고 호언장담했던 이들이 돈 몇 푼에 배신했다는 현실이 씁쓸했고, 정정당당하게 선거를 치르지 못한 경쟁자와 이전투구(泥田鬪狗)처럼 할 생각이 전혀 없었기 때문이었다.

한편, 2010~2011년 즈음 조합 부이사장으로 재임할 시기에 나는 오세훈 서울시장이 이끌었던 '오세훈 포럼'에 가입해 활동하기도 했다. 포럼에서는 3,000여 명 되는 서울시 운전기사들의 임금 협상, 권익과 복지 등 다양한 현안에 대해 협의하는 테이블을 만들어 논의하는 자리를 만들었다.

특히 일정이 많은 이사장을 대신해서 한 달에 한 차례씩 오 시장과 독대해 오찬을 나누며 의견을 교환했다. 그 과정에서 서울 시내에서의 관광버스 주차난 문제 등 다양한 사안들을 협의하고 문제 해결을 위해 노력하기도 했다.

아무튼 서울 전세버스 운송사업 조합 이사장 선거에서 고배를 마시면서 나는 조합 내 활동이 뜸해질 수밖에 없었다. 당시 대부분 관광버스 회사의 운영 시스템은 이른바 '지입' 형태로 이뤄졌다.

'지입차' 형태로 운영하는 회사는 대표가 현행법상 단독으로 운송사업 조합을 구성할 수 없었다. 그러니 전세버스 운송사업 조합에 회원사로 있는 회사의 70%가 불법으로 조직을 구성하고 있는 것이다.

그러나 삼성관광의 차량 30대는 모두 회사 소유로 타 조합 회원사들의 상황과는 달랐다. 비록 조합장에는 떨어졌지만 현행법상 불법으로 운영되고 있던 회사들을 위해 국토교통부를 비롯한 여러정부의 관계기관을 찾아다니면서, 그 문제를 해결할 방안을 고심했다. 해당 업무의 책임 공무원을 찾아가 구체적인 대안을 제안받기도 했다.

그 결과 기존 조합의 대안이 바로 협동조합이었다. 협동조합은 개인사업자인 운전기사가 회사에 차를 가지고 들어와 소속된 시스템하에서 각 기사가 대표 자격으로 조합원이 되어 조합을 구성하는 형태였다. 2016년 1월부터 국토교통부 고시에 따라 지입 형태로 버스 회사를 운영하는 것이 금지되기 때문이었다.

드디어 2015년 7월, 나는 지입 형태로 운송사업을 운영하는 회사의 차주들을 모아 서울 관광버스협동조합을 설립하고 이사장에 취임했다. 설립 과정에서 상당한 진통이 있기도 했지만, 협동조합의 조직으로 지입차량 차주의 권익을 위한 교두보는 마련된 상황이라는 데 의미가 있다고 할 수 있다.

새로운 도전,
중고차 수출사업의 성공

창립 이후 지속적인 성장을 이뤘던 삼성관광은 12년 만에 보유 차량 30대가 모두 새 차량으로 구성된 튼실한 회사로 자리매김했다. 신용대출을 통해 은행에서 큰돈을 얻어다 신형 차량을 구매해 서비스 수준을 높였고, 매달 차입한 돈의 이자와 원금을 갚아가며 시나브로 회사의 몸피를 늘려왔던 것이다.

그 당시까지 나는 일과 여가를 딱히 구분하지 않았다. 열심히 일하는 것이 쉬는 것과 같았고, 일이 취미였으며 내 삶의 모든 것이었다. 서울에 올라온 열일 곱 이후의 삶이 늘 그랬다. 일에서 비롯된 스트레스는 일로 풀고, 일로 몸과 마음이 피곤해지면 다시 다른 일을 도모함으로써 그 피로를 잊었다. 10대 후반부터 예순이 넘을 때까지 변변한 휴가나 쉼을 맛보지 못했다.

'러너스 하이(runners high)'라는 용어가 있다. 미국 심리학자 멘델이 처음 사용했던 용어인데 오래달리기를 할 때 고통의 단계를 거쳐 환각과도 같은 상황에 직면하는 현상을 말한다. 소위 마약을 한 것과도 같은 '달리기 중독'의 상태이다. 내게 일은 그와 같았다고 해도 과언이 아니다. 즉 나는 '워커스 하이(workers high)'를 늘 체험해야 했다. 바로 '일 중독'인 셈이었다. 그러나 이제는 내 삶에 쉼을 위한 휴식기를 둬야 했다.

그즈음부터 나는 아내와 함께 해외여행을 자주 다녔는데 주로 베트남, 태국, 캄보디아 등 동남아 국가들이 그 대상지였다. 더불어 경제적으로도, 심정적으로도 여유가 생기다 보니 시간 날 때마다 봉사를 다니기 시작했다.

당시 동남아 국가들로 여행을 다니면서 특이한 점을 발견했는데 그것은 그 나라 번호판을 달고 돌아다니는 국산 자동차들을 어렵지 않게 볼 수 있다는 사실이었다. 그래서 현지의 한인 관광 가이드에게 물어보니 우리나라 차를 갖고 들어와 여행사는 물론 다양한 영업을 하는 한국인들이 많다는 것이다.

한국에 돌아와 시장조사해 보니 당시 우리나라 중고차의 수출 규모는 연간 20~30만 대 수준으로 해마다 증가하는 추세였다. 연 12억 달러의 실적을 나타내는 수출 효자종목이기도 했다. 특히 소자본 창업의 대명사로 불릴 만큼 인기 있는 분야였지만, 기업 규모가 영세했고 국가 차원에서의 체계적인 지원도 없어 민간업계 자력으로 이뤄지는 구조였다.

나는 사업적인 촉이 발동했다. 사실 삼성관광의 경영 상태가 나쁘지 않았으나 미래의 여러 가지 리스크를 대비하기 위해 사업 다각화를 모색해야 하는 시점이었다. 사업 다각화는 한창 더운 여름날 겨울에 대비해 두툼한 외투를 준비하는 것과 마찬가지이다. 잘 나갈 때에 어려워질 미래를 당연히 대비해야 함에도, 15t 트럭의 차주로 제법 돈을 만질 때 불의의 사고를 예견하지 못했고 초원관광에서 안주할 때도 부도를 생각지 못했다.

결과적으로 내가 운이 좋아 재기할 수 있었지만, 힘들어질 미래를 위한 준비가 필요함을 지난 경험을 통해 깨달았던 것이다. 나는 중고차 수출을 그 대안으로 선택했다. 2013년 즈음의 일이었는데 당시만 해도 중고차 수출 시장이 막 확대되고 있는 상황이었다.

나는 동남아 지역으로 여행을 갈 때마다 그 지역의 중고차 수출 상황과 현지 인맥을 가진 가이드와 접촉해 삼성관광 중고차 수출을 지속해서 타진했다. 그렇게 몇 개국에 루트를 뚫어 중고차 수출사업을 시작했다.

중고차 수출 시장이 비교적 큰 베트남 같은 나라는 하노이와 호찌민 등 큰 도시를 중심으로 버스 노선도까지 그려 직접 발품을 팔기도 했다. 직접 현지에서 중고차를 판매하기 위한 계획도 짤 정도였다.

그러나 중고차 수출사업이 쉬운 것만은 아니었다. 한번은 현지 한국인 가이드가 베트남 장성급 인사를 한 명 소개해 줬다. 그래서 만나 미팅을 했는데 회사 지분을 50대 50으로 하자는 것이다. 지분율이 너무 커 고민하고 있던 차에 베트남 현지 사정에 밝은 한 지인에게 의논했

더니 "동업은 절대 안 된다."라는 것이었다. 1970년대 우리나라 사정처럼 사기꾼도 많고 비리도 많아 위험하다는 것이 이유였다.

그런 함정들을 용케도 피해 가며 동남아 국가들에 100대가 넘는 중고차를 팔아 제법 쏠쏠한 재미를 봤다. 다른 관광버스 회사의 차도 대리 판매해 수익을 남기기도 했다.

중고차 수출사업으로 삼성관광 경영 과정에서 나타나는 자잘한 어려움도 극복할 수 있었다. 기회는 자주 찾아오지 않는 법이다. 그것이 기회인지 아닌지 구분하는 능력도 중요하다. 기회가 왔을 때는 주저 없이 잡아 성공으로 이끌어야 한다. 그러기 위해서는 그전에 충분한 준비가 필요하고 득실을 계산할 수 있는 능력을 키울 필요가 있다. 동남아 국가들에 대한 중고차 수출사업은 분명 내게는 큰 기회였다. 그리고 그 기회를 잘 살려 나는 작지 않은 성공을 거뒀다.

가슴 아픈 가족사,
일로 극복하다

1975년 4월, 내 나이 스물일곱 되던 해에 결혼하고부터 앞뒤 돌아보지 않고 열심히 살았던 것 같다. 누구나 그렇듯 가정을 이루면 처자식 먹여 살린다는 의무감에 제 몸 돌보지도 않고 땀 흘려 살게 마련이다.

그러나 세상일이라는 게 뜻대로 되지 않는 경우가 많다. 나도 그랬다. 결혼하고 15t 트럭 차주로 돈을 벌어볼까 했는데 불의의 사고로 전 재산을 잃었고 그 이후로는 버스 기사로 힘들게 살았다.

더욱이 처음 아내는 결혼 초기에 몸이 아파 병원에서 살다시피 하며 고통스러운 시간을 보내기도 했다. 아픈 몸을 이끌고 남편 뒷바라지에 어려운 살림을 이어가며 많이 눈물도 흘렸을 것이다. 하루 대부분 시간을 일하느라 회사에 매달리는 무뚝뚝한 남편을 대신해 아들을 키웠고 집안 대소사를 도맡아 하면서 지치기도 했을 것이다. 그렇지만 어렵고 힘든 와중에서도 늘 밝고 웃음을 머금은 얼굴을 잃지 않고 어떠한 역경이나 난관이 닥쳐도 쉽게 불평하거나 낙심하지 않았다.

초원관광 시절, 지금의 아내인 유실장과 가족들이 함께 식사도 하면서 격이없이 지냈다. 그런데 삼성관광을 창립하고 나서는 첫 번째 아내와 자주 다툼이 생겼다.

생활이 안정되고 돈이 모이자 옛 아내는 허영심이 들기 시작했다. 외출이 잦았고 노름에 빠져들기 시작했다. 놀기 좋아하는 여자들과 어울려 다니며 돈과 시간을 허비하고 있었다. 사업을 하다 보니 돈이 어떻게 허무하게 빠져나가는지 나는 잘 알고 있었다.

아내가 빠져든 것은 이른바 '파친코'라고 부르는 도박 기계였다. 매일 하루종일 배고픈 고양이처럼 집에서 빠져나와 도박장을 전전하는 아내를 몇 달간 지켜봐야 했다.

도박을 하면서 돈놀이도 했다. 처음에는 적은 돈으로 재미 삼아 시작한 돈놀이였지만, 1,000만원 정도 돈을 빌려다 지인에게 다시 빌려주고 이자 받으며 돈을 불리는 재미에 빠졌다. 그런데 중간에 한두 건씩 빌려준 돈이 펑크 나고 그것이 누적되면서 나중에는 억 단위의 돈이 공중분해되었다. 이를 만회하기 위해 도박에 빠져들고 다시 돈놀이로 돌아가고 하는 악순환이 계속되었다.

몇 달간을 아무 말 없이 지켜보다가 이래서는 도저히 안 되겠다 싶어 아내를 불러 자초지종을 캐물었던 게 화근이었다. 그 뒤로 얼굴을 보기만 하면 싸웠고, 전혀 뉘우치는 빛이 보이지 않으면서 내가 포기하게 되었다. 아내가 그렇게 변한 이유를 잘 모르겠으나 한편으로 나도 깊이 반성하게 되었다. 사업을 핑계로 집에 무심하지 않았나 하는 생각도 들었고 내 삶도 되돌아볼 기회를 얻게 되었다.

그렇게 2003년 나는 아내와 공식적으로 이혼했다. 26년간 아내와 결혼생활을 이어왔고 아들을 하나 뒀다. 이혼 과정에서도 말할 수 없는 불미스러운 일이 있었고 그로 인해 나는 보름 동안 병원에 입원해야 했다. 이혼 당시 다행히도 아들은 출가한 상태였다.

사실 가족이란 인간의 일생에서 적지 않은 분량을 함께 하는 가장 친근한 존재일 것이다. 우리 사회를 구성하는 가장 작지만 매우 중요한 단위 공동체라고 할 수 있다. 가족이 화목하고 잘 되어야 우리 사회가 바로 돌아가고 사회도 평안해질 수 있는 것이다.

미국의 조지 부시 대통령의 내조자인 바버라 부시가 한 대학 졸업식 강연장에서 했다는 연설이 그래서 더 가슴에 와닿는다. 그녀는 좋은 직업도 중요하지만, 올바른 인간으로 성숙하는 게 가장 중요하며 특히 가족, 그중에서도 배우자와의 관계를 돈독하게 하는 것이 가장 중요한 투자라 강조했다고 한다.

사업이 바쁘다는 이유로 가족에 신경을 쓰지 못했던 게 나의 가장 큰 실책이었다. 결혼한 해 12월에 태어난 아들에게 많은 걸 해주지 못했다. 역시 사업을 핑계로 함께해 주지 못한 시간이 많아 지금도 미안한 마음이 적지 않다. 아들이 어렸을 때 자주 함께 놀아주지 못했고 사춘기 시절 소소한 고민도 들어주지 못했던 못난 아버지였다.

그런 면에서 아들이 자라는 과정에서 아버지로서 할 역할을 충분히 하지 못했던 점이 가슴 아프고 무척 후회된다. 그런 채무 의식 때문이었을까? 직장생활 때는 물론 사업이 어려웠을 때나 안정적으로 기반이 잡혔을 때를 막론하고 아들에게 금전적인 지원을 많이 해줬다고 생각한다. 그게 독이 될 줄은 꿈에도 몰랐다.

변변한 직업이 없었던 아들이 결혼할 때 조그만 가게 하나를 차려줬는데 1년 정도 후에 안타깝게도 사기를 당했다. 한동안 그걸 해결하겠다고 일본을 드나들며 허송세월한 아들은 여러 차례 사업계획서를 들고 찾아와 돈을 빌려 갔다. 사업이 어떻게 진행되는지, 장래성은 있는지 얘기를 들은 바 없고 빌려준 돈도 결국 한 푼도 받지 못했다.

사업 명목으로 4억 원에 가까운 돈을 빌려 간 아들에게 더는 희망이 보이지 않았다. 더욱이 들통날 게 뻔해 보이는 회피성 거짓말로 아비의 실망감을 더했기에 섭섭함은 더 커져만 갔다.

아들과의 인연을 정리할 생각을 하게 된 계기는 코로나 팬데믹 때였다. 코로나 양성 판정을 받아 5개월간 병원에 입원했는데 며느리는 물론 아들조차 한 번도 병문안을 오지 않았다. 코로나가 최고조에 이르렀을 때 내 상태가 심각해져 영안실 앞까지 가게 되었어도 소식조차 없었다.

다행히 상태가 호전되어 퇴원하는 날, 나는 아들이 아닌 타인의 차를 타고 집에 돌아왔다. 퇴원했다고 하더라도 산소호흡기를 달고 지내야 할 정도로 몸이 쇠약해진 상태였다. 그런데 아비가 퇴원했다는 말을 들었을 텐데도 아들은 결국 오지 않았다. 스무날 동안 집에서 기다렸지만 전화 한 통화 없었다.

간신히 스스로 화장실을 다닐 정도로 회복한 후 나는 아들 집으로 찾아갔다. 집 앞에서 아들에게 전화하니 받지 않았다. 며느리와 큰손주도 전화를 받지 않았다. 그나마 작은 손주와는 통화가 되었는데 잠결에 받은 모양이었다. 내가 집 앞에 와있다고 말하자 작은 손주가 문을 열어줘 집에 겨우 들어갈 수 있었다. 그 후의 상황은 말을 하지 않아도 불을 보듯 뻔했다.

병문안은 물론 퇴원 후에도 집에 들르지 않은 이유 말고도 아들의 집을 방문한 이유는 또 있었다. 당시 며느리는 삼성관광 소유로 되어 있는 외제 차를 몰고 다녔다. 리스료는 물론 보험료도 내지 않고 차만 굴렸다. 평소에도 나는 차를 회사에 돌려주라고 여러 차례 얘기했지만 이행되지 않아 괘씸한 마음이 들었던 것이다.

아무튼 그날 이후 나는 내 마음속에서 아들을 지워버렸다. 불행한 일이었지만, 누구라도 어쩔 수 없는 상황일 것이다.

누구에게도 내보이고 싶지 않은 씁쓸한 가족사였다. 가장 가깝고 소중한 존재인 가족에게 그런 아픔을 당하게 된 나는 일로 모든 걸 잊고 싶었다. 그래서 더 열심히 일했고 더 보란 듯 성공하고 싶었다.

나의 영원한 동반자,
유영숙

열일곱 어린 나이에 무일푼으로 고향을 뛰쳐나와 불도저 같은 정신력과 맨주먹으로 기업을 일군 내게 가장 큰 힘과 동력이 되어준 동지이자 동반자, 영원한 반려자는 바로 지금의 아내인 유영숙이다.

물론 나는 지긋지긋한 가난을 벗어나고자 몸이 부서지도록 일했고 매 순간 숱한 역경과 고난을 겪으며 여기까지 왔지만, 아내의 도움과 협력이 없었다면 지금의 내가 존재할 수 없었을 것이다. 어찌 보면 내 인생의 운명적인 만남은 다름 아닌 아내와의 만남과 인연이라 하겠다. 더불어 내 성공의 절반, 아니 그 이상은 온전히 지금 아내의 몫이다.

1953년 12월, 강릉 유씨 집안의 2남 2녀 중 맏이인 아내는 사육신묘가 있는 서울 노량진 근처에 있는 친척 할머니 댁에서 태어났다. 당시 아내의 부모님이 그 할머니 댁에 세 들어 살던 시절이었다.

요리사였던 아내의 아버지는 요릿집에서 일하셨는데 요릿집이 한가해지는 여름이면 닭을 잡아 생계를 잇곤 하셨다고 한다. 아내의 어머니 역시 알뜰한 가정주부로 청계산에서 나물을 뜯어 가계에 도움을 주곤 했다. 그 시대에 어린 시절을 보낸 이들이 똑같이 공감하듯 아내도 배고픔과 혼란했던 사회 그리고 먹고살기 바빴던 부모님과 아옹다옹하며 살았던 기억뿐이었을 것이다.

가끔 아내는 고단했던 어린 시절 얘기를 꺼낸다. 노량진초등학교를 다닐 무렵, 꿀꿀이죽을 먹고 미군들이 나눠 준 초콜릿이나 옥수숫가루로 만든 빵을 밥 대신 먹었던 기억. 그래도 그나마 나눠주는 먹을거리가 있었으니 배는 심하게 곯지 않았다며 그 시절을 회상한다.

아내의 아버지는 요리사 경력을 바탕으로 지금은 서울화력발전소로 불리는 마포 당인리 화력발전소 근처에서 아내의 모친과 함께 구내식당을 운영했다고 한다. 부모님이 모두 생활전선에서 함께 뛰며 돈을 벌어야 했으니 여동생 하나와 남동생 둘을 건사하는 것은 아내의 몫이었다.

그렇게 열심히 살았던 아내의 부모님은 돈을 조금 모아 노량진 본동에 판잣집 하나를 샀다. 아내의 아버지가 오래된 그 판잣집을 부수고 집을 지었는데 그런대로 꽤 살만한 집이었다고 했다.

아내는 어려서부터 혼자서 뭔가를 상상하거나 공상하기를 좋아했다고 한다. 부모님이 식당 일로 바쁠 때면 학교에 다녀온 아내는 동생들을 돌보며 혼자서 지내야 했다. 부모님은 항상 새벽녘에 일어나 해가 떨어질 때까지 일하셨기 때문이다.

꽤 이른 나이에 철이 들었던 아내는 주위에서 '애 어른'이라고 부를 만큼 성숙했지만, 무척 내성적이고 부끄럼을 많이 탔다. 초등학교 다닐 때 선생님이 책을 읽으라고 시키면 부끄러워 소리 내 읽지도 못했다. 심지어 이름을 부를 때조차 대답을 제대로 못 할 정도였다.

그래도 생활력은 강했단다. 어린 나이에 집 근처에 건축 공사장에 나가 모래나 벽돌을 옮겨주는 일종의 아르바이트를 해 용돈벌이했다. 고등학교 시절에는 방직공장에서 일하기도 했다. 그 돈을 차곡차곡 모아 어버이날에 어머니 옷감이나 옥비녀도 사다 주는 착한 아이였다고 한다. 고등학교 시절 노량진에서 학교가 있는 신길동까지 버스비가 아까워 걸어 다니기도 했다.

아내는 수줍은 여학생이었지만, 노래 좋아하고 농구 같은 운동도 즐겨하는 쾌활한 여고생이었다. 고등학교 졸업 후 아내는 부친의 먼 친척이 운영하는 관광버스 회사에 취업했다. 바로 내가 아내와 운명적으로 만나게 된 초원관광이었다. 당시 초원관광은 미아동에 있었는데 노량진에서 출퇴근하려면 새벽녘에 나와야 했다. 장모님이 아침이면 버스정류장까지 아내를 배웅하곤 했다고 한다. 그만큼 장모님과 아내의 관계가 좋았다.

아내의 여동생은 실력 있는 테니스 선수였다. 당시 테니스는 부유한 집안에서나 시킬 법한 운동이었는데 처제는 온전히 실력만으로 정상급에 오른 실력파였다. 우리나라 산부인과 1호 의사인 한국남 박사의 레슨을 맡기도 했다.

초원관광 입사 직후에 아내는 경리 업무를 포함해 자질구레한 업무를 맡아봤다. 고졸 여사원으로 할 수 있는 일은 한계가 있었다. 상고를 나오지는 않았지만 눈치가 빨랐고, 어렸을 때부터 다양한 아르바이트를 해왔기에 누구보다도 빨리 일을 배울 수 있었다. 더욱이 가정교육을 잘 받아 어른들을 잘 모셨고 예의가 바르고 착하다 보니 다른 직원들과도 격의 없이 잘 지냈다.

아내는 멋을 낼 줄도 모르고 돈을 벌어 오로지 동생들 뒷바라지하는 동시에 몸이 편치 않은 부모를 봉양하는 소녀 가장이었다. 옷 한 벌 사면 10년을 넘게 입었고 연애와 같은 젊은 나이에 관심을 둘 만한 것들에 절대로 한눈팔지 않는 착실한 사람이었다. 오로지 돈 버는 것밖에는 관심이 없었다. 그래야 공부하는 동생들 공납금을 낼 수 있었고 아프신 부모의 병원비나 약 값을 댈 수 있었기 때문이었다.

고교 시절 착하고 내성적인 데다 수줍음이 많던 소녀가 그렇게 억척스럽게 직장생활을 하다 보니 성격도 많이 변했다. 특히 관광버스 회사에서 주로 상대하는 이들이 남성 운전기사였기에 스스로 단단해지고 강해지지 않으면 안 됐다.

그런 상황에서 힘들게 직장생활을 이어갔지만, 아내는 어려웠던 가정 형편에 대해 비관하거나 낙담하지 않았다. 오히려 인생을 보람있게 가꿔갈 좋은 기회라고 치부했다고 한다. 자신의 자리에서 남보다 더 열심히 살아간다면 언젠가는 좋은 날이 오겠거니 하며 낙관적인 마음으로 하루하루를 보냈다.

1972년 입사한 초원관광에서 1990년대 중반에 회사가 어려워지면서 다른 관광회사로 자리를 옮길 때까지 20년이 넘는 세월 동안 한 자리에서 근무하며 결근이나 지각 한 번 하지 않는 모범직원으로 자리를 지켰다. 아내는 그렇게 인내심 강한 여성이었고 주어진 상황을 받아들이면서 긍정적으로 살아온 사람이었다.

내가 1998년 초원관광을 정리하고 에버랜드 관광을 인수해 새로운 회사를 차린다고 했을 때 아내는 직장 생활하는 동안 꾸준히 저축한 피 같은 돈을 내게 아무런 조건 없이 빌려줬다.

당시 백운관광으로 자리를 옮겨 회사의 실무를 총괄하던 아내는 그 큰돈을 쉽게 투자할 수는 없었을 것이다. 실제로 훗날 내가 돈을 빌리고 사업을 같이하자고 제안했을 때 단번에 수락한 이유를 자기도 모르겠다고 고백했다.

물론 6년 동안 초원관광의 조합장으로 직원들을 이끌었던 나의 모습을 미덥게 봤을 것이고, 내가 일하는 방식과 스타일을 인정했기 때문일 것이다. 더불어 부도난 회사의 직원들을 가족과도 같이 챙기며 뒷마무리를 깔끔하게 하는 모습에서 큰 믿음을 가졌을 수도 있다.

그렇다고 해도 거의 빈털터리에 가까웠던 내 손을 잡아줬던 것은 사업적인 부분 외에도 내게 다른 운명적인 무엇이 있었기 때문이라고 나는 확신한다.

사업을 같이하면서 우리는 서로에 대한 신뢰와 확신이 더욱 커졌고 2003년 내가 전처와 이혼하게 되면서 자연스럽게 합가(合家)의 형식으로 부부의 연을 맺게 되었다. 이후 우리는 사업체를 운영하는 동료로서, 인생의 반려자로서 서로 더욱 존경하고 아껴주며 살고 있다.

사업 동료로서, 나의 내조자로서 아내는 '두 몫'을 충실히 했다. 그런 아내의 헌신적인 조력이 없었다면 나는 절대로 성공할 수 없었을 것이다. 그런 아내에게 나는 평생을 갚아도 갚지 못할 고마움과 동시에 미안함을 갖고 있다. 아내의 헌신적인 도움이 없었다면 지금의 나는 없었을 것이고, 내 인생은 결코 성공에 이르지 못했을 것이다. 내 성공의 절반, 아니 그 이상은 온전하게 아내의 몫이라고 생각한다.

아내는 평소 늘 농담처럼 내게 다음과 같은 소리를 한다. "지금까지 살아오면서 당신은 늘 내게 100점 만점에 95점짜리 남편이야."라고. 그러면 나는 고개를 갸우뚱하고는 의아해 묻는다. "100점이면 100점이고 90점이면 90점이지, 95점은 뭐야? 왜 5점을 빼는데?"

그러면 아내는 개구쟁이처럼 싱긋이 웃으며 "무엇이든 당신 혼자 결정하고 통보하는 거, 그게 당신의 5점(汚點)이지."라며 밉지 않은 눈 흘김을 한다. 내가 정말 미워서 혹은 싫어서 하는 소리가 아니란 걸 잘 안다. 내가 하고자 하는 일, 걷고자 하는 길에 대한 내 결정을 늘 신뢰해 왔기 때문에 우리는 그런 시답잖은 농담도 나눌 수 있는 사이가 되었다.

겸손하면 하늘과 통한다.
- 나봉 김익수 -

4장

봉사는 나의 힘

부와 성공보다
소중한 것들

18세기 초 일본의 선종 불교를 되살리는 데 크게 이바지한 하쿠인 선사가 있었다. 그는 '생불'로 추앙받을 만큼 숭고한 정신적 기품을 가진 인물로 무엇보다 겸손한 성품으로 많은 추종자를 거느린 지도자였다고 한다.

그가 스물세 살 때의 일이다. 하루는 수도를 함께 하는 도반 두 명과 함께 고향으로 내려가고 있었다. 그런데 한 친구가 배가 아프다고 해서 하쿠인은 그의 짐을 대신 졌다. 얼마 가지 않아 다른 한 친구도 너무 힘들다며 짐을 떠맡겼다.

속으로 부아가 치밀었으나 하쿠인은 수도한다는 마음을 갖고 묵묵히 세 명분의 짐을 지고 길을 떠났다. 하쿠인이 무거운 짐을 벗게 된 것은 해변에서 배를 타고 나서였다. 무리한 탓에 하쿠인은 배에 타자마자 세상모르고 잠에 빠져들었고 코를 골며 숙면을 취했다. 한참을 죽은 듯이 자던 하쿠인이 눈을 떠 보니 배가 어제 출발했던 곳에 그대로 있지 않던가.

그는 깜짝 놀라 배가 왜 그대로인지 뱃사공에게 물었다. 그러자 그는 다음과 같이 말했다. "당신이 사람이요? 어젯밤 폭풍우가 불어닥쳐 다른 배는 다 난파되고 이 배만 겨우 살아 돌아왔소. 당신은 그 아수라장 속에서도 잠만 잤으니, 평생 사공 짓을 하다 당신 같은 사람 처음이오."

정신이 퍼뜩 들어 주변을 돌아보니 승객들 전부는 탈진해 있었고 토사물이 바닥에 가득했다. 하쿠인은 나중에 이 에피소드를 제자들에게 말해주며 큰 깨달음을 얻었다고 했다. 남모르게 덕을 쌓은 사람은 반드시 나중에 복을 받는다는 사실을 당시 몸으로 경험했다며, 시간이 날 때마다 그리고 기회가 될 때마다 남을 위해 살면 반드시 큰 복을 받는다고 역설한 것이다.

돈을 많이 벌어 안락하고 행복하게 사는 것, 성공해 다른 이들에게 칭송받으며 사는 것도 중요하지만 그보다 더 소중한 것이 있다는 사실을 깨닫게 해주는 에피소드이다.

열일 곱 어린 나이에 혈혈단신으로 서울에 올라와 쉬지 않고 직장생활과 사업을 이어 오면서 나는 큰돈은 아니라도 먹고 살 만큼 경제적인 성취를 이뤘고, 사업을 통해 업계에서 나름대로 인정을 받기도 했다.

무엇보다 내 삶의 철학이라면 철학을, 그리고 소신과 나름의 원칙에 따라 성공에 이르렀다는 점, 돈보다는 사람을 얻고 신용 있는 사업가로 자리매김할 수 있었다는 사실이 자신에게 보람되고 자랑스러웠다.

먹고사는 문제가 해결되면 인간은 더 높은 차원의 가치를 추구하게 마련이다. 더불어 인생의 질적 측면과 함께 남을 위한 삶에 관한 관심도 높아진다. 그즈음 내게는 자수성가한 사업가로서 나를 키워준 지역사회와 업계 나아가 국가와 민족을 위해 내가 할 수 있는 일이 무엇이 있을까 고민하는 시간이 점차 많아졌다.

일반적으로 성공한 사람들의 경우 정치권을 기웃거리거나 영향력 있는 사회단체에 가입해 활동하며 명망을 키워간다. 그러나 나는 그럴 마음은 전혀 없었다. 내가 걸어온 삶을 통해 이룬 성취의 결말을 그렇게 속물적 방식으로 매듭짓기는 싫었다. 성공한 사람들의 이후 삶이 추악해지는 것은 그런 교만과 속물근성 때문이다. 성공할수록 더 겸손하고 낮아져야 한다. 그런 측면에서 이름을 내세우지 않고 낮은 곳에서 수행하는 봉사는 더 성찰하고 겸손해지는 데 안성맞춤이다.

내가 생각하기에 인간이 할 수 있는 행위 가운데 가장 숭고하고 수준 높은 차원의 행위가 바로 봉사이다. 사심이 없는 순수한 마음으로 하는 봉사야말로 남을 향한 이타적 행동의 최고봉이자 가진 자의 도덕적 의무인 '노블레스 오블리주'를 잘 실천할 수 있는 수단이기도 하다.

우리나라의 기부왕으로 널리 알려진 유한양행 설립자 유일한 박사도 "사람은 죽으면서 돈을 남기고 때로는 명성을 남기기도 한다. 그러나 가장 값진 것은 사회를 위해 남기는 무엇이다."라고 강조하지 않았는가.

내가 성공할 수 있도록 기반이 된 토양은, 내가 훌륭해서가 아니라, 이 사회로부터 그리고 사회의 구성원으로부터 기인한 것이다. 그렇기에 그 일부 혹은 상당수를 어떤 방식으로든 사회에 환원하는 것은 너무 당연하다.

봉사뿐만이 아니다. 지역과 우리 사회의 발전과 진보를 위한 사회단체 활동 역시 마찬가지이다. 자신의 커리어를 쌓기 위해 혹은 경제적, 사회적 이익을 추구하기 위해 단체에서 활동하는 사람이 없지는 않지만 그것이 주된 목적이 되면 곤란할 것이다. 공공이 할 수 없는 부분의 보완재로서 사회단체가 존재하는 것이기에 공공의 임무를 수행한다는 소명 의식을 갖지 않으면 공염불이 될 공산이 크다.

그래서 봉사와 사회단체 활동은 앞에서 소개한 하쿠인 선사의 에피소드처럼 수도하는 마음으로 이득을 따지지 않고 묵묵히 해야 한다. 그러면 자연스럽게 덕이 쌓여 내게도 좋은 영향력으로 돌아오게 되어있다.

오래전부터 다른 이들을 위한 삶을 살기로 마음먹었던 내가 직접적으로 봉사를 실천하는 계기가 되었던 것은 2000년대 후반 삼성관광이 비약적인 성장을 이뤄나갈 무렵부터였다.

자수정 봉사센터를
이끌다

　사람은 누구를 만나 어떤 관계를 만드느냐에 따라 인생의 성패가 좌우될 수 있다. 능력이 있고 모든 조건이 잘 갖춰진 사람이라도 성공하지 못하는 사람에게 공통으로 보이는 패착이 바로 잘못된 인간관계이다.

　그래서 성공적인 인생을 만들려면 좋은 사람, 괜찮은 인간을 만나는 것이 무엇보다 중요하다. 특히 보잘것없는 사람에게도 진심으로 대하고 그 사람과 좋은 관계를 맺고 인연을 소중히 생각해야 한다.

　『초한지(楚漢志)』의 항우와 유방이 이를 보여주는 대표적인 사례일 것이다. 집안이 좋고 지략도 뛰어난 항우가 보잘것없는 유방에게 패했는데, 그 이유는 주변에 좋은 사람이 있느냐 없느냐의 차이였다. 『삼국지(三國志)』의 유비가 조조나 손권에 대항해 천하를 삼분할 수 있었던 것 역시 사람을 존중하고, 그들과 친밀한 관계의 끈을 형성할 수 있었기 때문이다.

　내가 좋은 사람을 만나려면 우선 내가 타인에게 매력적인 사람이 되어야 한다. '끼리끼리'라는 말이 있는 것은 다 이유가 있다. 내가 매력이 넘치면 비슷한 성격과 태도를 보이는 사람과 친해질 수밖에 없다. 그런 사람이 늘어나면 서로 돕고 의지하면서 일해갈 수 있는 것이다.

나는 어려서부터 늘 그런 사람이 되고자 했다. 직장생활과 사업을 하면서도 그리고 봉사활동을 하면서도 내가 먼저 그런 매력적인 사람이 되려고 온갖 노력을 다했다. 그런 노력의 열매로 나는 내 삶의 여정에서 좋은 분들을 많이 만났다.

나의 봉사활동과 관련해 그런 좋은 인물, 직접적인 역할을 했던 두 명의 중요한 인물이 있다. 강동경찰서 보안위원장이었던 백병연 씨와 강동경찰서장을 지낸 이창무 서장이 바로 그 주인공이다. 그들은 내가 봉사와 사회단체 활동에 투신하게 하고 나아가 교육사업에 모든 것을 바치게 영향을 준 인물이다.

삼성관광이 안정적인 성장세를 이뤄가며 업계에서 중견 회사로 자리 잡아 나가고 있던 2008년 무렵, 강동 사무실로 누가 나를 찾아왔다. 사업 관계 업무로 종종 들렀던 강동경찰서에서 오다가다 얼굴을 몇 차례 봤던 사람이었다.

"김 사장님, 유능한 사업가라는 얘기를 들었습니다. 이제 어느 정도 사업도 궤도에 올랐으니 우리 사회를 위한 활동도 좀 하셔야지요?"

자신을 경찰 조직을 돕는 민간 조직인 강동경찰서 보안위원회 위원장으로 소개한 그는 내게 봉사단에 들어와 활동해 줄 것을 권유했다. 백병연 위원장이었다. 그는 보안위원회 외에도 '자수정 봉사센터'라는 봉사단체를 조직해 활발하게 활동하는 중이었다.

자수정 봉사센터는 사단법인으로 2006년 3월 만들어져 지역 어르신, 불우이웃 등을 위한 중식 봉사활동을 전개하고 있었다. 특히 '밥퍼' 목사로 유명한 다일공동체 최일도 목사가 운영하고 있던 '밥퍼 나눔 운동본부'와 연계해 강동구민을 대상으로 한 활동을 이어오고 있었다.

어릴 적 찢어지는 가난으로 인해 배고픔의 설움을 겪었던 나였기에 우리 사회의 소외된 이웃과 독거노인 등 버거운 삶을 이어가고 있는 이들에 대해 따스한 마음과 손길을 내미는 일에 주저하거나 고민할 이유는 없었다. 내가 사업의 성공으로 얻은 과실은 사실상 이 사회가 내게 준 것이기에 나는 그것을 당연히 사회에 돌려줄 의무가 있었다.

사실 어렵고 힘든 이웃을 보면 안타까운 마음이 생기고 돕고 싶은 심정이 생기는 것은 인지상정이지만, 직접 실천으로 옮기는 것은 생각만큼 쉽지 않다. 더욱이 그런 마음이 있어도 어떻게 봉사를 시작할지, 어떤 루트로 시작할지 찾아보는 것도 골치가 아프다. 그런데 그런 마음이 있는 사람에게 봉사단체가 먼저 손을 내민다면 그야말로 씨 뿌린 데 비 내리는 격이다.

나는 백 위원장의 제의를 흔쾌히 받아들이고 보안위원회와 봉사센터의 일원으로서 봉사활동에 적극적으로 참여하게 됐다. 오랜 직장생활에서 얻은 노하우, 사업가의 눈으로 봤을 때 그의 봉사에 대한 의지와 철학은 믿을 만한 것이었다. 더욱이 나는 나이와 성격, 직업 등을 불문하고 새로운 사람 사귀는 걸 즐기는 성향에 술을 좋아하다 보니 보안위원회는 물론 봉사센터 사람들과 금세 친해질 수 있었다.

봉사센터에서 활동하면서 더 마음에 들었던 것은 봉사에 들어가는 비용을 회원들이 자발적으로 갹출해 유지한다는 점이었다. 대다수 봉사단체의 경우 기업이나 지역 유지에게 후원을 받아 단체를 운영하는 것이 통례였다. 그 경우 기업이나 후원자의 후원이 줄거나 끊어지면 봉사단체 활동을 이어가기가 힘들어진다.

물론 몇몇 지역 유지들의 후원도 있었지만, 자수정 봉사센터는 회원이 자발적으로 내는 회비와 물품으로 운영이 이뤄졌다. 자신의 돈을 들여 몸으로 봉사하는 모습은 봉사에 대한 뜨거운 열정과 의지가 없다면 절대 불가능한 것이다. 더욱이 봉사센터 회원들의 봉사는 스스로에게나 수혜자에게나 포장된 기만일 뿐인 보여주기식 봉사가 아닌, 진정한 마음에서 우러나는 봉사였기에 나는 봉사활동을 하면 할수록 뿌듯한 마음이 들었다.

사업과 함께해 나가면서 내 봉사활동은 점차 영역을 확대해 갔다. 자수정 봉사센터에 익숙해질 즈음부터 나는 라이온스 클럽에 가입해 또 다른 봉사단체 활동을 시작했다. 1917년 미국에서 발족해 전 세계

최대 봉사단체로 자리 잡은 라이온스 클럽은 주로 시각장애인과 청각장애인 복지 지원에 주력하는 봉사단체이다.

그렇게 봉사활동을 활발하게 이어오면서 나는 "내가 남을 도울 수 있는 위치에 올라왔구나, 도움을 받는 약자에서 도움을 줄 수 있는 사람이 됐구나." 하는 자부심과 성취감을 느낄 수 있었다.

그러나 함께 봉사하는 사람들 가운데 진정성이 없는 이들을 가끔 보게 된다. 수해복구 현장이나 연탄 봉사하는 곳에는 이따금 사진만 찍으러 오는 가짜 봉사자가 종종 있다. 봉사하러 왔음에도 화장을 진하게 하고 오거나 팔찌 등 장신구를 하고 와 현장에서 구슬땀을 흘리며 봉사하는 이들을 훼방 놓는 이들이 그런 경우다.

자수정 봉사센터와 라이온스 클럽 봉사 외에도 나의 모교인 서종초등학교 발전을 위한 장학금을 매년 기탁하고 있으며 광산김씨 장학문화재단에 장학 출연금 8천만 원을 기탁하기도 했다.

내 봉사활동의 최고봉은 캄보디아 바탐방에 수영교육원을 세워 대한민국 선진교육을 통한 교육사업 및 기부활동에 있다. 이는 전쟁과 그로 인한 가난 때문에 상급학교 진학의 꿈을 이루지 못한 개인적 한의 실현과 함께 전후 대한민국의 현실과 흡사한 캄보디아의 안타까운 현실을 바라보는 선의의 시선에서 비롯된 것이다. 캄보디아 교육사업의 계기와 과정 등 자세한 내용은 다음 장에서 소개할 것이다.

한편, 내가 경영하는 삼성관광 사무실 정면에 자리하고 있었던 강동경찰서에서 보안위원회의 부위원장으로 활동하며 알고 지낸 강동경찰서 이창무 서장도 내가 봉사활동에 주력할 수 있는 계기를 만들어 준 귀중한 인연이었다.

이 서장은 무척 특이한 사람이었다. 내가 사람 좋아하고 친화력 강했던 스타일이었기 때문에 보안위원회 활동을 하면서도 경찰들과 가깝게 지냈다. 시간만 나면 경찰 20~30명씩 불러서 밥 먹고 술 마시고 하다 보니 자연스럽게 가족 같은 분위기가 형성되었다. 특히 경찰과 함께 탈북주민들을 함께 돌보고 애로사항을 듣고 해결해 주면서 그들이 한국 땅에서 잘 정착해 새 삶을 살아갈 수 있도록 도왔다.

그런 와중에 함께 이 서장과 술 한잔하는 기회가 많았다. 그는 내가 이전에 만났던 경찰 간부들과는 질적으로 다른 사람이었다. 출세와 성공을 지향하며 업적 위주로 서장직을 이용하는 게 대부분이었는데 그는 사회적 약자 보호와 주민 안전 등 철저히 주민 눈높이에 맞는 치안활동에 힘을 쏟는 등 책임감이 강한, 진정한 경찰이었다.

특히 그는 경찰서장 신분임에도 불구하고 민원창구에서 민원인들과 자주 대화를 나눴고 거리에 나와 직접 주민들의 목소리를 경청하는 등 소통에 있어서 타의 추종을 불허하는 지휘관으로 유명했다.

이 서장이 어떤 사람인지 그 진면목을 알 수 있는 경험을 했던 적이 있다. 나는 주로 그와 함께 술을 마시면 마음이 통하는 탓에 말술을 마시게 되었다. 그러면 으레 다음 날 아침 속이 쓰리고 자리에서 일어나기 어려울 때가 많았다.

그런데 그는 그렇게 술을 많이 마신 다음 날에도 어김없이 7시면 '도보 순찰'을 했다. '도보 순찰'은 강동구에서는 모르는 사람이 없을 정도로 유명한 그의 '트레이드 마크'인데 걸어서 관내 파출소를 순찰하는 것이다. 1년 365일 하루도 거르지 않고 그는 도보 순찰을 했다.

지구대부터 현장 경찰서까지 관내 상황을 정확히 파악하고 치안 대처 능력을 점검함으로써 주민 안전에 온 힘을 다하는 솔선수범하는 모습을 서장으로서 보여주는 것이다.

당시 그의 모습을 보고 리더의 역할과 책무가 얼마나 중요한지를 알았고, 조직을 이끄는 자의 책임감과 성실을 배울 수 있었다. 더불어 봉사활동에 더욱 매진하게 된 계기도 되었다.

언제나 조언을 아끼지 않는 이창무 전 경찰서장(왼쪽에서 세번째)

2017년 광화문에서 열린 103쌍 탈북민 합동결혼식

탈북민 등
무료 합동결혼식을 치르다

진정한 행복은 소비가 아닌 나눔에서 온다는 사실을 나는 오래전부터 강렬하게 느껴왔다. 언젠가 기부왕으로 알려진 가수 김장훈 씨의 인터뷰를 본 적이 있다. 그는 활동 초기에 비싼 외제 차도 타고 명품도 사고했지만, 마음만 더 허망했단다. 그런데 기부를 시작하고는 마음이 뿌듯해지고 정말 행복해졌다고 고백했다. 그 당시 김장훈 씨는 월세 아파트에서 짠돌이처럼 살고 있었는데, 현실적 여건과는 다르게 마음만은 최고 부자였던 것이다.

나는 그가 진정한 부자라고 느꼈다. 존경받기보다는 오히려 비난을 더 많이 받는 재벌가들보다도 더 부유한 사람이라고 생각했다. 이제 열심히 일해 돈을 버는 것만으로는 존경받는 부자가 될 수 없다. 사회적 책임을 다해야만 인정받고 나아가 존경받는 진정한 부자가 될 수 있다는 의식이 우리 사회에 널리 퍼져야 한다.

심리학 용어에 '마더 테레사 신드롬'이라는 게 있다고 한다. 다른 사람이 봉사하는 장면만 봐도 기분이 좋아지는 현상을 말한다. 긍정의 호르몬이 분비되어 온몸에 퍼진다는 것이다. 그래서 지하철이나 시내버스에서 노인에게 자리를 양보하는 이를 보면 마음이 환해진다.

하물며 직접 선행이나 봉사를 실천하는 사람은 그보다 몇 배, 몇십 배 더 큰 기쁨이 생기지 않을 리 없다. 우리 사회가 그런 기분을 대다수 구성원이 느끼고 체험하는 공동체가 되어야 한다고 생각한다.

나는 그런 마음으로 봉사활동에 매사에 임했다. 남을 위한 활동에는 말로 표현할 수 없는 기쁨과 뿌듯함이 있다. 직접 몸을 움직여서 해보지 못한 사람은 절대 알 수 없는 저릿함도 있다.

자수정 봉사센터에서 오랫동안 봉사하면서 나도 더 겸손하고 충만한 인간이 되어감을 시나브로 느꼈다. 특히 봉사센터 활동에서 가장 큰 보람과 성취를 느낀 것은 무료 합동결혼식에서 절정을 이뤘다.

2017년 10월 17일 오후 2시, 서울 광화문 광장. 가을의 따사로운 햇볕이 내리쬐는 광장 한쪽에 마련된 야외 웨딩홀에는 103쌍의 부부들의 들뜬 부산함이 가득했다. 북한 이탈주민을 비롯해 다문화가정과 저소득 소외계층, 범죄피해자 등 우리 사회의 차상위 계층을 대상으로 무료 합동결혼식이 열렸다.

'세상에서 가장 아름다운 꽃, 촛불의 성지에 피어나다'

광화문을 뒷배경으로 큼지막하게 새겨진 문구였다. 2016년 겨울부터 2017년 봄까지 촛불혁명의 본거지가 된 광화문 광장에서 채 1년이 안 되어, 소박하지만 가장 아름다운 꽃들이 다시 활짝 피었던 것이다.

20대부터 80대에 이르기까지 다양한 연령대의 206명 부부는 이날 멋들어진 턱시도와 드레스 차림으로 생에 가장 행복하고 잊지못할 시간을 보냈다. 봉사센터는 이들에게 합동결혼식은 물론 신혼여행 경비까지 무료로 제공했다.

2015년 15쌍을 시작으로 2016년 12쌍 등 강동경찰서에서 진행됐던 무료결혼식은 2017년에 센터가 사단법인으로 승격, 정부 기부금 단체로 지정되면서 광화문에서 성대하게 개최된 것이다.

사실 이날 무료결혼식 장소가 광화문으로 결정된 데는 나름의 이유가 있었다. 봉사센터의 이사로 활동 중이었던 나는 백병연 이사장을 비롯해 다른 이사들과 함께 장소를 물색했다. 그러다가 대한민국 역사의 심장과도 같은 곳, 편견과 차별에 대한 희망이 피어난 장소인 광화문이 가장 상징적인 곳이라는 생각이 들어 이사회에서 결정한 것이다.

사실 탈북민을 비롯한 소외계층들에 대한 무료 합동결혼식을 기획하게 된 것은 탈북민들이 대한민국에서 잘 정착하기 위한 오랜 활동의 와중에 나온 아이디어였다. 독거노인이나 소년 소녀 가장 등 소외계층도 그렇지만 특히 탈북민은 가족을 버리고 탈북한 이들이 많아 대한민국에서 잘 정착하기 어렵다. 우선 지독한 외로움과 차별 때문에 좌절하는 사례가 많다.

무엇보다 따스한 손을 내밀어 고독감을 줄여주고 혼자가 아니라는 마음을 갖게 해주는 동시에 한국 사회에 잘 적응할 수 있도록 돕는 것이 중요했다. 자수정 봉사센터는 그 부분에 초점을 맞춰 탈북민에 후원과 봉사를 통해 도움을 준 것이다.

그렇지만 아쉬움은 있다. 그 친구들이 표현을 잘못해 그런 것인지 아니면 도움을 받는 게 당연하다고 생각해서 그런 것인지 몰라도 요구사항은 많으나 봉사단원에게 살갑게 대하거나 고마움을 표하는 것에 상당히 인색했다.

하지만 그들의 반응에 따라 봉사를 해온 것은 아니었다. 그렇다고 돈이 많아서 혹은 시간이 남아 봉사활동을 한 것은 더더욱 아니었다. 우리 사회에서 더 많이, 더 큰 도움을 받았다고 생각하는 사람이 나눔을 실천하고 사회에 돌려줘야 한다는 생각이었다. 그래야 그 사회가 더 건강하게 유지되고 함께 성장하는 유일한 길이기 때문이다. '더불어' 살아가는 지혜가 여기에 있다.

'광산김씨'
나의 뿌리이자 본향

　성씨(姓氏)는 출생의 혈통을 말하거나 한 혈통을 잇는 겨레붙이를 가리키는 용어로, 한 사람의 혈연관계를 분류하는 기준이 된다. 성씨에 이름과 결합해 사회성원으로서 개인의 정체성을 구성하게 된다.

　삼국시대부터 중국식 성씨 제도를 받아들여 사용하기 시작한 이후로 우리나라는 같은 성씨라도 본관을 달리하며 가문을 중시하고 혈통에 대한 자긍심을 키워왔다. 성은 같지만 본관을 달리하는 성씨는 시간이 갈수록 증가하고 있으며 현재 약 530여 개의 성에 본관은 수만여 개가 있다고 알려져 있다. 우리나라의 성씨 가운데 가장 많은 성씨는 김 씨로 전체 성씨의 21.5%를 차지하고 이 씨(14.7%), 박 씨(8.4%), 최 씨(4.7%), 정 씨(4.3%)가 뒤를 잇는다.

　나의 본관 성씨인 광산김씨는 김 씨 성씨 중에서도 명문가에 속한다. 통계청의 인구조사에 따르면, 우리나라 본관 중 김해김씨, 밀양박씨, 전주이씨, 경주김씨, 경주이씨, 경주최씨, 진주강씨 다음인 여덟 번째로 많은 성씨이다.

광주와 전남 담양을 관향(貫鄕)으로 하는 광산김씨는 신라의 왕자 김흥광(金興光)을 시조로 하는 성씨로서, 고려조에 8대 평장사를 배출했고 조선 시대에 들어와 왕비 1분, 상신 5분, 대제학 7분, 공신 7분, 문과 급제자 265분을 배출한 손에 꼽히는 명문가이다.

광산김씨는 문정공파를 비롯해 문숙공파, 양간공파, 낭장공파, 사온직장공파 등 5개파로 구성되며 이 가운데 양간공파의 후손이 현재 전국에 약 70%를 차지해 가장 많으며 다수의 명현이 이 파에서 배출되었다.

광산김씨 가문에서 아예 새로운 성이나 본관을 만들어나간 파도 적지 않다. 김흥광의 31세 손이면서 임진왜란 당시 의병장으로 이름을 떨친 충장공(忠壯公) 김덕령 장군을 시조로 하는 '용안김씨(龍安金氏)', 시조 할아버지의 14세 손 김경량의 아들인 김수(金須)를 시조로 하는 '초계김씨(草溪金氏)', 김전개(金田槪)를 시조로 하는 '은진김씨(恩津金氏)', 중종 때 예조판서를 역임한 김극성(金克成)을 시조로 하는 '보령김씨(保寧金氏)', 조선 명종조에 장례원 직장을 지낸 김태진(金泰辰)을 시조로 하는 '남해김씨(南海金氏)', 김흥광의 16세손으로 화평군에 봉해진 충숙공 김심의 아들 김승진을 시조로 하는 '청거김씨(淸渠金氏)' 등이 바로 그들이다.

이 외에도 김남우(金南雨)을 시조로 하는 무주김씨(茂州金氏), 김천리(金天利)를 시조로 하는 무풍김씨(茂豊金氏) 등도 광산김씨와 연관이 있다는 주장이 있다.

광산김씨의 관향(貫鄕)인 광산은 전라남도 서북부에 있는 곳인데 삼국시대에는 백제의 무진주(武珍州)로 불렸고 신라 경덕왕 16년인 서기 757년에 지금의 지명인 무주(武州)로 개칭되었다. 진성여왕 때에는 견훤이 무주에 후백제를 세워 도읍을 정하기도 했으나 왕건이 고려를 세우고 난 이후인 918년에 광주(光州)로 칭했으며 고려 성종 대에 해양현(海陽縣), 공민왕 시절에는 광주목(光州牧) 등으로 지명이 바뀌었다.

조선 시대 고종 32년인 1895년 전국이 23부(府) 체제로 나뉠 때 나주부(羅州府) 관할의 광주군이 되었으며 일제강점기인 1935년 광주가 부로 승격되면서 광산군(光山郡)이 되었다.

신라의 왕자였던 김흥광 할아버지께서 왜 백제의 땅을 본관으로 삼았는지는 당시 시대상과 연관이 있다. 광산김씨 시조께서 지금의 담양군 평장동인 무진주(武珍州) 서일동(西一洞)에 자리를 잡은 것은 신라가 삼국을 통일한 이후였다. 통일신라 말기 전국 곳곳에서 민란이 일어나는 등 국가의 사직이 위태로워지자 시조께서는 정치에 대한 환멸과 세태의 위태로움을 느끼고 경주를 떠나 관향에 은거해 자연을 벗 삼아 지냈던 것이다.

광산김씨는 시조 할아버지의 10세 손인 김체 할아버지 아드님 김위(金位)와 김주영(金珠永) 형제 대에 크게 두 갈래로 나뉘어 김광세(光世)와 김광존(金光存)의 양대 산맥을 이뤘다.

광산김씨 가문에서 가장 잘 알려진 인물은 조선 중기의 대신이자 동방 18현의 한 분으로 문묘에 종사된 김장생(金長生) 할아버지이다. 김장생 할아버지로 대표되는 기호학파는 영남학파와 견주며, 조선 학맥의 양대 산맥을 형성하기도 했다. 그리고 사계 김장생의 단일 후손에서 일곱 명의 대제학이 배출되는 전무후무한 기록을 남겼다.

『가례집람(家禮集覽)』을 비롯해 총 21권의 저서를 남긴 김장생 할아버지는 조선 예학의 최고봉을 이룬 대학자로서 그의 학문은 아들 김집과 송시열, 송준길, 윤증 등 조선조 최고의 학자들에게 전승되어 조선 예학파의 주류를 형성했다.

귀양살이로 인해 어머니 곁을 떠나 있게 된 상황에서 어머니의 시름을 달래주려는 의도에서 지은 순 한글 소설인 『구운몽』의 작가 서포 김만중도 광산김씨 가문의 일원이다.

광산김씨 가문은 현대에 들어와서도 우리 사회를 이끄는 지도자층에 많은 인물을 배출했다. 1969년 교황 바오로 6세에 의해 서품받은 김수환 추기경을 비롯해 꽃을 노래한 대시인 김춘수 시인, 전 대우그룹을 창업한 김우중 회장, 김황식 총리, 김숙희 전 교육부 장관, 김용옥 철학 교수, 탤런트 김용건 씨 등 우리 사회를 빛낸 훌륭한 인물들이 바로 그들이다.

이렇듯 고려 시대와 조선 시대에서부터 현재에 이르기까지 수많은 인물을 배출한 광산김씨는 한국 사회에서 최고의 명문거족 중의 하나로 꼽히고 있다.

  나는 어려서부터 부모님께 이렇듯 우리 가문이 한국에서 잘 알려진 명문가라는 사실을 귀가 닳듯 들어왔고 무의식적으로 나의 내면에 큰 자긍심을 갖게 해, 내 삶과 인생을 이끄는 견인차가 되었다. 어렵고 빈한한 생활 속에서도 낙심하지 않고 삶의 목표를 똑바로 세우고 정진할 수 있었던 것도 다 뼈대 있는 집안 출신이라는 사실을 마음에 새기고 살았기 때문이었다.

베풀어라, 마음이 따뜻해진다.
- 낙봉 김익수 -

광산김씨
대종회에서의 활약

나는 '광산김씨' 양간공파 대파 38대손으로 태어났다. 중파는 공안공파, 소파는 시은공파로 광산김씨 대종회에 들어와 활동하기 시작한 것은 23~24회 대종회를 이끄신 김홍수 회장님 시절이었다. 1990년대 중반 무렵이니 내 나이 한창 40대 혈기가 끓을 때였다.

당시 회장님이 나와 같은 공안공파 중파의 집안 어르신으로서 열심히 활동하시는 모습을 보다 일가 중 한 분의 권유로 종친회에 몸을 담게 되었다. 처음에는 그저 발을 담그는 수준으로 참여했다. 대종회 행사에 일손을 돕는 등 얼굴을 내밀며 솔선수범하는 자세로 사람들을 익혀 갔다.

2000년도 이전까지는 대종회에서 큰 활동을 하지 않았다. 열심히 참석하고 종중 어르신들 인사드리고 더욱 친화력 있게 대해 드리는 것이 내 일이었다. 술 좋아하고 사람 좋아하는 내 성격 때문에 대종회 분들과 쉽게 친해질 수 있었다.

문중 어르신들도 나를 보면 "저놈, 일 좀 잘하겠구나."라고 칭찬하기 일쑤였다. 특히 삶에 대한 뜨거운 열정과 뚜렷한 목표를 갖고 사업을 이어오며 고군분투하는 내 모습에 대해 대종회 어르신들이 좋게 봐주셨다.

그러다가 2003년 4월, 대종회 제46회 정기총회에서 나는 대종회 이사로 선임되었다. 워낙 친화력이 좋고 사람 좋아하며 화통한 성격이 대종회의 발전과 확장을 위해 꼭 필요한 인물이라는 점을 인정받은 것이다. 즉, 대종회에서 무한 신뢰를 받았다고 해도 틀린 말은 아니었다.

대종회 이사는 대종회의 큰 사업과 행사, 예산 집행 등 중요한 사안의 의사결정을 하거나 대종회를 대표하는 대외적 활동을 하는 대종회의 '얼굴마담'과도 같은 존재이다. 대종회 회장을 보필하면서 대종회의 중요한 역할을 담당하는 자리이기도 했다. 나는 뚜렷한 원칙과 빈틈없는 업무 처리 옳다고 생각되면 주저 없이 몰입하는 추진력을 바탕으로 사업을 일궈왔듯 대종회 업무도 그처럼 똑 부러지게 처리했다.

이사직을 충실하게 감당하고 난 후에는 대종회 감사를 맡아 오랫동안 대종회 운영 전반 사항에 대한 견제와 함께 예산이 잘 집행되는지 감시하는 역할을 맡았다. 한 해 10억 원이 넘는 큰 조직의 감사 임무는 기업 경영의 책임과도 비견될 정도로 막중했기 때문에 나는 최고의 노력을 기울여 대종회의 일을 봐야 했다. 그렇다고 대종회에서 주도적으로 앞장서서 이끌 위치는 아니었다. 당시 오래전부터 대종회를 이끌어왔던 원로들이 있었고 사회적으로도 내로라하는 명망이 높은 분들이 대종회를 이끌었다.

내가 관심을 두고 지켜봐 왔던 대종회의 핵심 사업이 있었는데 바로 장학사업이었다. 광산김씨 대종회 장학재단은 1991년 『광산김씨사』 발간 수입금 1억 원을 기금으로 시작되어 유지돼 오다가 2005년 재단법인 설립추진위원회가 구성되어 기금마련 운동이 전개되면서 궤도에 올랐다.

당시 나도 모금 운동에 적극적으로 동참하면서 대종회 구성원들에게 기부를 독려했으며 그 결과 5억 원 이상의 기금이 모였다. 그리하여 2007년 6월, 기존의 2억여 원의 기금에 모금액 5억여 원이 더해진 7억 5,695만여 원을 기본재산으로 같은 해 8월 24일 자로 (재)광산김씨 대종회장학문화재단이 설립되었다.

재단 설립 이후에도 나는 대종회 장학사업에 관심이 많아 대종회 사람들을 만나면 후원 독려를 많이 했다. 당시 대종회에서는 이사급의 경우 매년 200만 원 후원을 의무적으로 하게 되어 있어 나도 기꺼이 동참했었다.

우리 대종회는 물론 미래 우리 사회와 대한민국의 발전을 위해서 나는 가장 중요한 것이 후학 양성이라 생각한다. 그 때문에 장학사업은 대종회를 떠나 어떠한 조직에서든 장려해야 하고 다른 사업들보다 우선순위에 놓고 수행해야 할 사업이라고 생각했다.

나는 대종회 이사 시절부터 매년 200~300만 원의 장학금을 꾸준히 출연했고 2014년 9월 대종회 장학재단 감사에 선임되어 그해 2,000만 원을 쾌척함으로써 누적 기부액이 3,000만 원을 넘어섰다.

2015년 대종회의 제58회 정기총회에서 육영 담당 이사로 선출되었는데 장학재단 장학금 기부와 활동, 청년 세대 양성에 대한 강한 의지 등을 인정받은 결과였다. 2016년 8월에는 특별장학금 출연자에게 주어지는 출연자의 고유한 명칭을 붙인 낙봉(樂峰) 장학금을 부여 받기도 했다.

이후로도 대종회 수석 감사(2017~2019년), 고문(2019년), 장학재단 이사(2023년), 광성군 종중 도유사(2023년) 선임 받아 맹활약을 펼치며 종중 발전에 이바지하고 있다. 2017년 9월에는 광성군 종중 혁신위원장으로 추대 받아 주도적으로 종무에 관여해 현안 등 다양한 문제들을 탁월하게 해결하고 있다.

20여 년간 대종회에서 활동하면서 총 기부액이 8,000만 원에 달했는데 전혀 아깝다는 생각이 들지 않고 오히려 잘한 것 같다는 마음이 든다. 그러한 기부에 적극적으로 응원해 준 이가 바로 아내였다. 그런 아내가 고마울 따름이다.

사실 돈은 있어도 그만이고 없어도 조금 불편하다 뿐이지 내 삶에서 큰 의미는 없다. 내가 쓸 만큼만 남겨놓고 남은 것은 돈이 없어 공부하지 못하거나 어려운 삶을 꾸려가는 이들에게 나눠주는 것이 옳은 일이라고 늘 생각해왔다.

　나는 돈을 쓰는 방법에는 세 가지가 있다고 생각한다. 첫째는 말 그대로 나를 위해 소비하는 것이고 둘째는 내 이익을 위해 투자하는 것이다. 그리고 마지막으로 가장 중요한 것인 나눔, 즉 기부이다.

　소비를 통해 얻는 즐거움은 그때뿐이다. 쓸 때는 즐겁고 짜릿하지만, 시간이 지나면 아쉽고 허무할 따름이다. 투자는 도전이 주는 성취감이 있다. 이익이 났을 때 오는 기쁨이 사업에 매진할 수 있게 하는 힘이다. 그렇더라도 그 즐거움이 오래가는 건 아니다. 사업이 흥하면 좋지만, 하강 곡선을 그리기 시작하면 바로 절망과 낙담으로 변하기 때문이다.

　그러나 나눔에는 말로 표현할 수 없는 엄청난 기쁨과 중독성이 있다. 해보지 않고 느껴보지 못한 이는 절대 알 수 없는 그 무엇. 그것으로 인해 남을 위한 나눔을 주저 없이 할 수 있는 것이고 내 주머니를 비워 기부할 수 있는 것이다.

　대종회 일을 하면서 특히 장학재단의 일을 맡으며 나는 나눔의 기쁨과 즐거움을 알았고 아름다운 인생과 삶을 가꿔가는 방법을 찾을 수 있었다.

인간은 늙어가는 게 아니라
익어가는 것이다

　나는 다른 사람에게는 한없이 너그럽고 부드럽게 대하지만, 나 자신에게는 혹독하리만큼 엄격한 원칙을 고수하고 살았고 평생을 그렇게 살려 노력했다고 자부한다. 낮은 곳으로 흐르되 큰물로 향하는 물처럼 가장 부드럽되 가장 강한 것을 이기는 물처럼 살고 싶었다.

　어느덧 나는 '마음의 흐름을 따라 행동해도 어긋나지 않은 나이'인 '종심(從心)'에 이르렀다. 『논어(論語)』의 '위정편(爲政篇)'에 나오는 '종심소욕 불유구(從心所慾 不踰矩)'에서 유래한 '종심'은 언제, 어디서, 어떻게 행하든 원칙과 법도 아래 행했다는 공자의 '성인지도(聖人之道)'의 궁극이라 할 수 있다. 그런 나이에 이르러 비로소 '인생은 늙어가는 것이 아닌 익어가는 것'이라는 진실을 깨닫는다.

　돌이켜보면 내 일평생은 시련의 연속이었다. 지금이야 그 시절을 떠올리며 웃음 지을 수 있는 추억이 되었지만, 당시에는 정말로 죽고 싶을 만큼 힘들고 괴로웠던 것이 사실이었다. 그러나 강철은 많이 두드릴수록 더 단단해진다는 옛말처럼 그 시련과 고통을 견뎌내고 극복함으로써 나 자신이 더 성장할 수 있었고 자생력을 증진할 수 있었다.

무엇보다 어려웠던 것이 사람과의 관계였다. 가난이나 척박한 환경이야 나 스스로 노력해서 충분히 극복할 수 있지만, 사람의 문제는 내 노력만으로는 해결될 수 없는 무엇이기도 했다. 직장생활이든, 사업을 하든 아니면 가족과 친구, 지인의 관계이든 간에 인간관계는 성공적인 삶을 살아가는 데 가장 큰 비중을 차지하는 중요한 것이었다.

그러기 위해 나는 머리가 커질 무렵, 그러니까 고향 양평을 떠나 서울에 와 온몸으로 세파를 견뎌내며 내 인생을 주체적으로 살기 시작하면서부터 사람을 대하고 익히기 위한 내 나름의 법칙을 만들어 지금까지 고수해오며 살아왔다.

나는 무엇보다 더 좋은 인간관계, 더 나은 삶을 위해 우선 나 자신을 잘 관리하고 다듬는 데 최선의 노력을 다해왔다. 이른바 '수기치인(修己治人)', 남을 가르치거나 이끌기 전에 우선 나를 닦아야 한다. 나는 무슨 일을 하든 늘 최고의 컨디션을 유지하기 위해 노력했고, 어떠한 환경과 상황에 놓이더라도 늘 감사한 마음과 안정을 유지하려 노력했다.

사실 자신을 다스린다는 게 말처럼 쉽지 않다. '나를 닦음'이라는 수기(修己)는 어느 순간 완성되는 것이 아니라 죽을 때까지 계속 이어지는 성장의 과정이다.

그래서 나는 늘 겸손하게 살았고 상대방이 아무리 어린 사람이라도 최대한의 정중한 예의를 갖춰 대했다. 그리고 잘못된 생각을 하는 사람 나아가 나에게 손해를 끼치거나 공격하는 적이라 할지라도 먼저 존중하고 그의 인격을 해치지 않으려 많은 노력을 해왔다. 정중한 예의와 상대방을 존중하고 세워주는 자세, 그것이 내 성공을 이끌었던 주요 요인이 되었다.

더불어 상대방의 말을 잘 경청하고 인색하지 않았으며 상대방이 뭘 원하는지 정확히 파악해 그 필요를 채워주는 것이 성공의 비결이었다. '남의 말을 귀 기울여 주의 깊게 듣는다'라는 뜻을 가진 한자 '경청(傾聽)'은 특히 사업하는 이들이 갖춰야 할 미덕이다.

문제점을 직시하고 더 나은 대안을 제시하기 위해서 가장 먼저 해야 할 것이 바로 듣는 것이다. 제대로 듣지 않으면 문제점을 명확히 파악할 수 없을 뿐만 아니라 문제 해결도 불가능한 법이다.

나는 '미인대칭 비비불'을 내 삶의 신조로 삼고 살아오기도 했다. 칠언절구(七言絶句) 한시의 문장과도 비슷한 '미인대칭 비비불'은 '미(미소), 인(인사), 대(대화), 칭(칭찬)'과 '비(비난), 비(비판), 불(불평)'의 첫 글자를 따서 만든 것으로, 평소 반드시 해야 할 것 네 가지와 절대 금해야 할 것 세 가지를 말하는 것이다.

많은 이가 행복과 성공은 동전의 양면과 같이 공존한다고 말한다. 그러나 성공했다고 반드시 행복한 것도 아니고 인생에 실패한 사람도 행복한 삶을 살 수 있다. 나는 성공과 행복을 함께 쟁취하려면 꼭 '미인대칭 비비불'을 실천하라고 후배들에게 말하곤 한다.

늘 얼굴에 미소를 띠고 누구에게든 밝게 인사하며, 진정한 마음으로 대화하고 상대방을 칭찬하는 자세는 성공의 요체이다. 더불어 남을 비난하거나 비판을 자제하고 어떠한 상황에서도 자신의 처지를 남에게 그리고 남에게 불평하지 않는 삶을 살면 반드시 성공할 뿐만 아니라 행복해질 수 있을 것이다.

내가 사업에 성공하고 나서도 교만하지 않고 겸손하게 봉사활동을 이어온 것도 다 그런 마음의 연장선상에서 행한 것이다.

그런 차원에서 나는 참 운이 좋은 사람이라고 생각한다. 나는 늘 주어진 현실에서 긍정적인 생각으로 역경을 극복해왔고 일을 사랑했으며 그 일을 통해 타인들에게 도움이 되도록 노력했기 때문이다. 더욱이 사업을 하면서 큰돈을 벌었고 그 돈으로 남을 위한 일을 모색할 수 있었으니 그야말로 '금상첨화'가 아니던가.

그렇다고 내 칠십 평생의 삶이 고작 '운'이라는 요행 혹은 변수에 따라 휘둘렸거나 움직였다고 생각하고 싶지는 않다. 그 '운'이라는 놈도 결국 자신의 삶을 치열하게 살아 낸 사람에게만 자신의 얼굴을 내미는 알라딘의 마술램프에 나오는 '지니' 같은 존재라고 말하고 싶다. 운도 '때'를 잘 만나야 찾아오는 기회요인이라 할 수 있기 때문이다. 그리고 자신에게 찾아온 그 기회를 어떻게 잘 포착하고 활용하느냐에 따라 인생의 성패가 좌우되는 것이다.

아무리 불운한 운명을 가진 사람이라고 할지라도 인생에 최소한 세 차례의 기회가 온다고 한다. 한두 번의 기회를 잘 살려 성공적인 인생을 사는 사람이 있는 반면 여러 차례 기회를 놓치거나 아예 그 기회가 자기 곁에 와있는지도 모르고 지나치는 사람이 적지 않다.

나는 나름대로 기회를 잘 포착해 성공을 이뤘다고 생각한다. 돈을 많이 벌었다고, 높은 지위에 올랐다고 성공한 것이 아니다. 최선을 다해 자신에게 맡겨진 일을 전심전력으로 이뤄낸 사람, 제 삶을 충실히 가꿔가며 남에게 모범을 보이는 사람이 진정한 성공자이다.

그런 사람이 인생을 잘 사는 사람이고 이 사회에 꼭 필요한 사람이며 존경을 받는 자일 것이다. 그런 사람이야말로 늙는 것이 아닌 익어가는 존재라고 나는 굳게 믿는다.

5
장
—
캄보디아
척박한 땅에 꿈을 심다

해외여행 중 맞닥뜨린
귀한 인연

　캄보디아의 수도 프놈펜과 제2의 도시 바탐방과 씨엠립을 삼각으로 둘러싼 중앙에 길쭉하게 자리 잡은 광활한 톤레사프 호수. 동남아시아 최대의 호수로 알려진 이 신비로운 호수에 붉은 저녁노을이 걸친 모습은 아름답기로 말하자면 캄보디아 관광 일정 모두를 여기에 투자했어도 전혀 후회되지 않을 만큼 황홀했다.

　게다가 거대한 이 호수에 이어진 수로를 한참이나 지나면 갑자기 펼쳐지는 아름답고 장엄한 건축물이 시야에 들어오면서, 인류가 남긴 그 어느 유적보다 우아하고 장엄한 장관을 연출하는 건축물에 관광객들은 넋을 잃고 만다.

　400년 전 멸망한 옛 도시 앙코르의 자취가 서린 '앙코르와트'를 직관하는 순간 나 역시 입을 다물지 못했다. 옆에서 함께 유적을 바라보는 아내도 적잖이 감격한 모양이다. 어둠 속에서 비밀을 간직했던 사원 건물들이 동이 트는 희부윰한 하늘의 붉은빛을 머금으며 서서히 얼굴을 드러내는 순간, 범접하지 못할 만큼 묘하고 신비로운 분위기가 피어났다. 내 생애에 가장 아름다운 일출을 그곳에서 그렇듯 황홀하게 체험할지는 꿈에도 몰랐다.

'앙코르와트'는 동남아시아는 물론 전 세계의 어느 관광지와 비교해도 손색이 없는 유적지로, 12세기 크메르 제국의 황제 수리야바르만 2세에 의해 30년 동안 건설되어 900년 넘는 신비의 역사를 간직한 곳이다.

삼성관광을 창립하고 약 10여 년이 흐른 후 업계에서 어느 정도 자리를 잡아가면서 나는 내 인생을 돌아볼 수 있는 여유를 찾아야겠다는 마음을 먹게 되었다. 그동안 흡사 경주마처럼 하나의 목표만 바라보고 밤낮없이 달려왔고 그로 인해 몸과 마음이 지쳤던 것이다.

여유 있게 놀거나 느긋하게 즐기는 일에는 너무나 서툴고 무신경했던 터라 제대로 된 휴가 한 번 떠나보질 못했었다. 열일곱에 서울에 올라와 일을 시작한 이후 직장 생활도 그랬고 회사를 설립하고 난 후에도 일에만 파묻혀 지낸 10여 년 동안에는 더더욱 그랬다.

어느 책에선가 "여행을 떠나보지 않고 쓴 인생을 말하지 말고, 세계를 가보지 않은 사람과는 대화도 하지 말라."는 문장을 보는 순간 새로운 삶과 인생에 대한 욕구가 강하게 피어올랐다. 그렇게 떠나기 시작했던 여행이었다.

국내에는 주로 외딴섬이나 오지를 두루 찾아다녔으며 해외여행도 유럽, 미국 등 선진국이나 잘 알려진 곳보다는 인류의 유산이 남아있는 유적지나 생각할 거리가 많은 지역을 선택해 다녔다. 2013년에 캄보디아의 앙코르와트를 방문했던 것도 그런 이유에서였다.

인류의 유산들을 돌아보며 옛 시대의 공적, 사적 삶의 모습과 그 안에 짙게 밴 정신을 만날 수 있었다. 해외여행에서 얻은 즐거움과 교훈은 그동안 이유 없이 허기가 졌던 내 인생에 정신적 포만감과 너그러움을 선사하기도 했다.

관광을 마치고 차를 타고 시엠립 도심에 있는 숙소로 돌아오는 길이었다. 차가 주유를 위해 정차했을 때 창밖으로 열대 나무 사이로 기운 햇살 속에 몇몇 아이들이 나란히 서 있는 모습이 눈에 들어왔다. 초등학교에 다닐 만한 나이쯤으로 보이는 아이들이었다.

그중 여자아이 하나가 우리가 타고 있는 차로 다가왔다. 허름한 옷차림에 얼굴에는 마른버짐이 이끼처럼 핀 아이였다. 몸은 비쩍 말랐고 상처투성이인 발은 신발을 신지 않은 맨발 상태였다. 순간 그 아이와 눈이 마주쳤다. 알 수 없는 희미한 미소를 띤 채로 아이는 내게 다가와 차창을 똑똑 두드렸고 이내 집게손가락을 펴 보이며 맑은 목소리로 말했다.

"원 달러 플리즈, 원 달러 플리즈."

평소 동남아시아를 여행하다 보면 노인과 장애인, 어린아이들이 외국인을 상대로 구걸하는 광경을 심심찮게 봐왔다. 패키지여행이든 자유 여행이든 그럴 때마다 1달러 지폐나 현지 돈으로 아무 생각 없이 건네곤 했는데, 그날따라 맑은 눈망울을 내 눈에 맞춘 그 아이의 얼굴이 또렷이 보였다.

"원 달러 원 달러, 플리즈."

내가 아무런 말 없이 자신의 얼굴만 뚫어지게 바라보자 조바심이 났는지 아이는 채근하는 목소리로 다시 예의 그 맑은 목소리로 구걸했다. 순간 내 눈에서는 새알심 같은 눈물이 굵게 맺혔다. 그 아이의 깨끗하고 맑은 눈망울 속에는 내 어린 시절의 배고픔과 곤궁함이 그대로 각인되어 있었다.

지갑에서 1달러짜리 지폐를 꺼내 아이에게 줬다. 그런데 아이가 돈을 들고 쪼르르 주요소 뒤편으로 달려가는 게 아닌가? 거기에는 삼십 대 초반의 젊은 여성이 서 있었고 아이는 내게 받은 돈을 그녀에게 건넸다. 아이의 엄마로 보였다.

아! 같은 어른으로서 부끄러움과 알 수 없는 수치심이 불쑥 일었다. 저 젊은 엄마는 자신의 아이에게 '앵벌이'를 시키고 있었던 것이었다. 부모의 보호 아래 아름다운 것만 보고 경험하며 행복하게 자라나야 할 아이들이 가난이라는 이유 하나만으로 이렇듯 불우하게 살아가는 모습에 가슴이 아려왔다. 차가 다시 출발했다. 숙소로 돌아오는 차 안에서 내내 내게 구걸했던 그 여자아이의 눈망울이 머릿속에 윙윙 맴돌았다.

당시 우리나라에도 부모의 사랑을 받지 못하는 고아나 부모로부터 학대받는 아이들이 없지는 않았다. 그렇지만 우리 사회는 그런 아동들을 돕는 단체나 기관이 존재했고 학대는 엄연히 범죄여서 그에 합당한 무거운 처벌을 받는다. 더욱이 한국에서는 밥을 굶거나 앵벌이 하는 아이는 이제 더는 찾아볼 수 없다.

그런 생각이 드니 캄보디아의 어린이들이 너무 불쌍하고 안쓰러웠다. 한국전쟁 후 내가 어릴 적 경험했던 우리나라 상황과 크게 다르지 않은 모습이어서인지 더 마음이 아팠다.

그때 문득 그 아이들을 돕고 싶은 마음이 생겼다. 전후 대한민국도 미국의 도움을 받아 학교도 세우고 배고픔을 달래기도 했다. 어릴 적 미군이 준 C-레이션 보급품으로 나온 고체 우유를 끓여 먹던 기억이 내게도 있었다. 이후 우리나라가 눈부신 경제성장을 이루고 세계 10위권의 선진국으로 발돋움할 수 있었던 배경에는 미국을 비롯한 다른 국가들의 도움의 손길이 있었기 때문이다.

그처럼 캄보디아 아이들에게도 미래를 위해 공부할 기회를 주고 싶었다. 그래서 지긋지긋한 가난을 벗어날 수 있도록 돕고 싶은 마음이 문득 생겨났다.

꿈을 이루게 해줄
조력자들

캄보디아 여행을 마치고 돌아오는 한국행 비행기 안에서 아내와 주유소에서 겪은 일에 대해 많은 얘기를 나눴다. 나와 비슷한 어린 시절을 겪은 아내 역시 캄보디아 아이들에게 똑같은 감정을 느꼈다. 까무잡잡한 피부에 눈을 반짝이며 외국인들에게 손을 벌리는 아이들에 대한 연민의 감정이 우리 부부에게 불일 듯 일었다. 우리는 캄보디아 현지에 불우한 아이들을 위한 학교를 세우기로 합의를 봤다. 그들의 안타까운 현실을 본 이상 그냥 지나칠 수 없었던 것이다.

귀국 즉시 관련 자료를 찾아 모았다. 특히 캄보디아의 한국인 가이드에게도 현지에서 학교를 설립하고자 하니 어떻게 해야 할지 자문했다. 여러 차례 우리 부부의 여행을 안내했던 가이드는 매우 훌륭한 제의라면서 알아봐 주겠노라고 약속했다.

그러나 한 달을 넘게 기다려도 가이드에게는 연락이 오지 않았다. 현지 사정을 잘 아는 전문가들과 동남아에 자동차를 수출하는 지인들에게 들으니 직접 현지에 접촉하는 것은 매우 위험하다고 했다. 한국인의 돈을 노리는 사기꾼이 많다는 것이다.

나는 더 자세히 알아보기 위해 캄보디아어를 구사할 수 있는 대학 교수를 대동하고 서울에 있는 캄보디아 대사관을 찾아갔다. 아이들을 돕고 싶다는 내 취지를 설명한 후 어떻게 해야 할지 물었다. 내 얘기를 듣고 골똘한 생각에 잠겼던 대사관의 현지 직원은 이윽고 장황하게 말을 꺼냈다.

그런데 뭔가 열심히 설명은 하는 것 같은데 왠지 말을 빙빙 돌리는 느낌이었다. 통역하는 대학교수도 조금 난감한 낯빛이었다. 나중에 안 사실이지만, 대사관의 그 직원도 믿을 수 없었다. 은근히 뒷돈을 바라는 눈치였던 것이다. 후진국에서 흔히 볼 수 있는 썩은 관료들의 전형이었다.

한숨이 나왔다. 불쌍한 현지 아이들을 도울 방법이 정녕 없단 말인가? 일상에 복귀해 사업을 이어가는 중에도 그 아이들의 순수하고 선한 눈빛이 머릿속에서 떠나질 않았다. 그렇게 1년 가까이 아무런 진척이 없이 시간은 흘렀다.

그러다가 2014년 초, 한 제약회사에 근무하는 고향 후배를 우연히 만나면서 캄보디아 아이들을 도울 수 있는 길이 열리게 되었다. 교회에 다녔던 그 후배는 캄보디아에 선교사를 파송한 교회를 소개해 주며 우회적으로 아이들을 도울 방법을 일러준 것이다.

처음에 나는 후배의 제의가 탐탁지만은 않았다. 교회에 출석해 본 일도 없거니와 당시에는 교회와 기독교인에 대한 인식이 매우 좋지 않앉기 때문이었다. 더욱이 건강하지 못한 교회 목사의 꼬임에 빠진 주변 지인을 종종 봐왔기에 교회 목사에 대한 신뢰가 특히 좋지 않았다. 그러나 속는 셈 치고 후배가 건네준 모 교회의 명함을 받았다.

그렇게 운명적으로 만난 분이 돈암동 감리교회의 담임이신 김동걸 목사님이었다. 아내와 함께 교회 목양실에서 만난 김 목사님은 그동안 내가 봐왔던 목사들과는 근본적으로 다른 온화한 성격을 소유한 점잖은 분이었다. 특히 교회에서 진행 중인 사역에 대한 설명을 듣고는 신뢰가 갔다. 어둡고 소외된 곳에 따스한 손길을 내미는 성서의 말씀대로 소금과 빛의 역할을 충분히 수행하고 있는 교회라는 느낌을 받았기 때문이었다.

나는 캄보디아 씨엠립에서 만난 아이들에 대한 안타까운 심정과 함께 그들을 돕고 싶다는 진심 어린 마음을 목사님께 전달했다.

"목사님, 캄보디아에서 만난 아이들의 순수하고 맑은 눈빛을 지금도 잊을 수 없습니다. 그런데 그런 사랑스러운 아이들이 외국인을 상대로 앵벌이 하는 모습이, 그런 현실이 너무 마음이 아파 견딜 수가 없습니다. 공부하고 싶어도 할 수 없었던 제 어린 시절이 생각나서요."

목사님은 잠시 생각에 잠기더니 현지에서 선교활동 중인 선교사를 한 분 소개해 주며 그를 찾아가 보라고 연락처를 알려줬다. 나는 주저하지 않고 곧바로 연락을 취했다. 처음 캄보디아 어린이들을 돕기로 마음먹은 지도 벌써 1년이 지나가고 있었기 때문이었다. 수화기 너머로 또렷또렷한 발음에다 신뢰감이 드는 목소리가 흘러나왔다. 송진섭 선교사였다.

송 선교사는 1993년 6월, 김동걸 목사님이 담임하고 계셨던 기독교대한감리회 돈암동 교회의 파송을 받아 프놈펜에 거주하며 캄보디아에서 선교사역을 하고 있었다. 한국 감리교회 사상 처음으로 캄보디아에 파송된 그는 현지에서 캄보디아 감리교신학교를 설립하고 이사장으로 섬기며 캄보디아 선교에 진력하는 중이었다. 그 때문에 캄보디아 현지 사정을 누구보다도 잘 알고 있어 내가 꿈꾸는 교육사업에 대한 조언과 통역에 안성맞춤인 훌륭한 조력자였다.

전화 통화를 끝내고 나는 바로 캄보디아 프놈펜으로 달려갔다. 내가 캄보디아에서 자주 여행했던 지역은 씨엠립이었는데 그는 수도 프놈펜에서 활동하고 있었다. 2014년 12월, 프놈펜의 중심가 한 호텔 커피숍에서 처음 만난 송 선교사의 인상은 예상했던 바 그대로였다. 선하고 자비로운 얼굴에다 그의 자세에서 느껴지는 것은 온몸에 배어있는 깍듯한 예의 그 자체였다. 자신의 온 삶을 던져 선교를 할 수 있는 힘은 바로 그런 자세에 있는 것 같았다.

바람방에 이르는 길

운명(運命)이란 어쩔 수 없이 '운명적'이어서 운명이라고 할 수 있다. 1년을 넘게 하고자 했던 바를 이루지 못하고 결국 캄보디아의 선한 영혼들을 위한 사업을 접을 위기에서 만난 김동걸 목사와 송진섭 선교사. '반드시 그렇게 될 수밖에 없이 이미 정해져 있는 것'이라는 운명의 사전적 정의를 떠올리면 그들과 나의 만남은 분명 운명이었다.

송 선교사를 만나 캄보디아의 현실과 교육 환경에 대해 많은 얘기를 들을 수 있었다. 캄보디아는 한때 역사 속에서 앙코르와트로 대표되는 크메르 제국의 황금기가 있던 나라로, 이 제국이 몰락한 후에는 인근 국가들인 태국과 베트남에 시달리다 19세기에 와서 프랑스의 식민지가 된 슬픈 역사를 지니고 있다.

독립 후 시아누크 왕조의 독재가 이어졌으며 론 놀이 이를 뒤집고 크메르 공화국을 세웠지만, 이마저도 크메르루주에 의해 무너졌고 그들에 의해 자행된, 그 유명한 '킬링필드'를 겪은 비운의 나라였다. 마치 5,000년 역사 속에서 수없이 외침을 당하다가 20세기 초반 일제의 식민지로 전락했던 우리나라 역사와 흡사했다.

송 선교사가 처음 캄보디아에 발을 내디딘 1993년에도 캄보디아에는 아예 '교육'이라는 단어가 생소할 정도로 절대 빈곤 속에 처했다고 한다. 그 뒤로 산업화가 진행되며 매년 6~8%의 경제성장을 이뤄가고 있다. 이러한 점도 우리나라의 60~70년대와 비슷한 점이었다.

하지만 급격한 산업화로 인해 농촌과 시골에서는 공동화 현상이 나타나고 있으며 도시 밖의 지역에서는, 우리나라로 치면 초등학교 5~6학년의 고학년이 되어도 학교에 다니지 않거나 자신들의 언어인 크메르어를 제대로 익히지 못한 경우가 다반사라는 것이다.

송 선교사의 말을 들으며 나는 캄보디아 현실이 무척 가슴 아팠다. 동시에 그런 현실을 개탄하며 교육 환경 개선과 투자가 필요하다는 데 공감하는 그의 진심을 확실하게 확인할 수 있었다. 특히 그는 내가 어렸을 때 전쟁으로 인해 황폐한 시골에서 배움의 기회를 놓치고 제대로 교육받지 못한 아픔을 공감하는 것 같았다. 그 때문에 그런 내 아픔을 캄보디아의 쓰린 현실 속에 던져진 불쌍한 아이들에게 교육의 기회를 제공하는 것으로 달래려는 내 심중을 정확하게 꿰뚫고 있었다.

"캄보디아는 한국처럼 전쟁과 내전의 아픔을 겪고 있습니다. 특히 교육 분야는 더 열악해서 아이들이 교육을 제대로 받지 못하는 현실이에요."

"이곳에서 아이들을 만난 후 깊은 동류의식을 느꼈지요. 어린 시절 내가 떠올랐으니까요."

나는 송 선교사가 내가 꿈꿔 온 교육사업의 진정한 조력자라는 사실을 확신하게 되었다. 그래서 내가 가진 학교 설립의 꿈을 구체적으로 그에게 피력할 수 있었다. 애초 내 계획은 캄보디아 여행 중 주유소에서 만났던 아이들의 순수하지만 안타까웠던 눈빛에서 비롯되었다.

뿌연 먼지가 이는 시골길에서 외국인을 상대로 "원 달러"를 외치는 아이들은, 지독한 배고픔, 어머니를 여읜 아픔과 외로움이 겹겹이 밀려온 힘겨운 나날 속에서 이름 모를 꽃들과 풀이 길게 늘어선 강변에 누워 흘러가는 구름을 하염없이 바라보며 마음을 달래곤 했던 나와 똑 닮아 있었다. 그래서였는지 나는 학교가 전혀 없는 외딴 시골의 아이들에게 학교를 세워주고 싶었다.

그런데 송 선교사의 생각은 조금 달랐다. 시골이 아닌 도시에 번듯한 교육 기관을 세워, 장차 캄보디아를 이끌고 나갈 인재를 길러내자는 것이었다. 시골 아이들이 교육의 혜택을 받지 못하는 게 현실이기는 하지만, 이농 현상이 심해 아이들이 시골에 많이 없고 교사 수급도 어렵다는 이유에서였다.

그러면서 송 선교사는 학교를 설립할 수 있는 적당한 후보지를 몇 군데 안내할 테니 나보고 결정하라는 것이었다. 그렇게 하기로 하고 송 선교사의 첫 만남을 마무리했다.

그날 저녁에 숙소로 돌아와 아내와 여러 가지 얘기를 나눴다. 우리가 가는 방향이 맞는 것인지, 김 목사님과 송 선교사가 과연 믿을 수 있을 만한 조력자인지 서로의 생각을 흉금 없이 털어놓고 이야기했다.

사실 아내는 기분이 조금 언짢은 눈치였다. 캄보디아를 돕겠다고 한국에서부터 긴 시간을 달려 찾아갔는데 반가운 기색은 없고 우리를 사무적으로 대하고 있다고 느낀 것이다. 나중에야 안 사실이지만, 돕겠다고 나섰다가 이것저것 저울질하며 결국 포기하는 사람들이 많이 있었다고 한다. 그러니 그들도 실제 우리가 후원할지 아니면 여느 사람들처럼 손을 뺄지 몰랐기에 미덥지 않았던 것이었다.

다음날 아내와 나는 아침을 서둘러 챙겨 먹고 송 선교사와 학교를 세울 후보지 물색에 나섰다. 그는 캄보디아의 지방 도시와 시골 몇 곳을 돌아보며 자세한 설명을 해줬다. 교실 세 칸이 전부인 한 공립 초등학교를 방문하기도 했고 황량한 부지밖에 없는 장소도 소개했다. 꼼뽕스푸 주에 있는 초등학교는 후원 후에는 국가에 귀속되고, 황량한 부지 쪽은 관리상 애로사항이 많은 곳이었다.

마지막으로 간 곳이 넓은 용지가 확보된 바탐방 감리교회였다. 내가 불교 신자라는 사실을 알고 있던 송 선교사는 조금 주저하는 눈치였으나 나는 괜찮았다. 교회 경내에 아이들을 위한 교육원을 짓고 그곳에서 내가 생각하던 교육을 교회에, 위탁하게 한다는 계획이다.

무엇보다 바탐방 교회 용지에 대한 송 선교사의 의지가 컸다. 바탐방 교회는 캄보디아에서 두 번째로 큰 도시인 바탐방시 중심에 세워진 교회로, 오래전부터 교육시설을 만들어 어린이와 청년들을 가르치고

자 하는 계획을 하고 있었다. 그러나 재정적 어려움으로 인해 실행에 옮기지 못하고 있는 상태였다. 아내와 나는 일단 그곳에 학교를 세우는 걸로 정한 다음, 다시 논의해 알려주겠다고 송 선교사에게 말한 뒤 귀국했다.

한국에 돌아와 나는 아내와 머리를 맞대고 우리가 방문한 몇 군데 후보지를 생각하며 진지하게 논의했다. 그리고 마지막으로 바탐방을 방문해 꼼꼼히 살폈다. 씨엠립에서 차로 세 시간을 달려 도착한 그곳에 결국 우리의 마음과 꿈을 심기로 했다. 곧 나는 김동걸 목사와 송진섭 선교사에게 우리의 결정을 통보했다.

드디어 2015년 6월 1일, 우리는 이른바 캄보디아 바탐방 교육센터 건축 협약을 체결했다. 돈암동교회 김동걸 원로 목사를 진행위원장으로, 나와 아내가 경비 지원자, 현지 진행위원은 송진섭 선교사로 명시된 협약서에 나와 아내가 서명했다.

후원 내용은 캄보디아 바탐방 감리교회 내 용지에 교육원으로 사용될 3층 규모의 콘크리트 구조물 건립 비용 전액과 컴퓨터 구매 및 유치원 교사 급여, 유치원 운영을 위한 비품과 학습 도구 구매 비용 일체 등 모두 13만 달러였다.

공사에 들 인건비와 자재 상승비를 반영해 2014년 12월 최종 방문 시에 논의했던 금액보다 건축비가 약 8,000달러가 늘어난 금액으로 2015년 6월 환율 기준 한화 1억 4,800만 원 상당이었다. 여기에 컴퓨터 20대 약 8,000달러와 1년 간 교사 네 명의 급여 510달러 등이 별도로 책정되었다.

교육원 설립과 운영을 위해 우리는 바탐방 교육센터 건축 협약을 체결한 당일 '김익수·유영숙 캄보디아재단'을 설립, 운영지침을 마련하고 본격적인 학교 설립을 추진하기 시작했다.

바탐방 수영교육원,
이역 땅 캄보디아에 세운 '평생의 소망'

내 꿈의 과실이 맺힐 바탐방 감리교회의 용지는 '앙코르와트'라는 세계적인 유적지이자 관광지가 있는 씨엠립에서 약 170㎞ 떨어진 곳에 자리하고 있었다. 캄보디아의 수도 프놈펜에서는 290㎞ 거리로 승용차로 무려 여섯 시간을 달려야 닿는 곳이다.

2015년 6월 이뤄진 협약에 따라 1차로 나는 5,000만 원을 후원금으로 보냈다. 현지로 직접 돈을 송금하게 되면 세금 등 여러 가지 복잡한 문제가 생겨 돈암동 감리교회를 통해 선교비 형식으로 지원했다.

송 선교사는 현지에서 캄보디아 당국에 건축 허가를 신청했고 한 달쯤 지나 허가가 떨어져 바로 공사에 착수하게 되었다. 2015년 8월 7일, 김동걸 목사의 집례 아래 기공 예배를 드렸다. 이미 바탐방 지역에서 건축비 5만 달러 이상 소요되는 교회를 일곱 곳 이상 지어본 경력이 있는 현지인 찌엉 목사가 건축을 맡았다.

건축 기간은 약 1년 정도로 잡았다. 더 빨리 끝날 수도 있으나 여러 가지 변수가 많은 나라와 환경이었기에 넉넉하게 잡은 것이다.

공사가 진행되면서 송 선교사는 진척 상황을 정기적으로 내게 보고해 줬다. 공사 내용과 함께 건물이 올라가는 사진 등을 보내줬고 애로사항이 있으면 그때그때 곧바로 내게 연락을 취해왔다. 공사는 차질 없이 순탄하게 진행되었다. 터파기 공사부터 1층과 2층 그리고 3층 등 건물이 올라갈수록 캄보디아 어린이들을 향한 내 꿈도 서서히 높이를 더하고 있었다.

해가 바뀌고 공사를 시작한 지 6개월이 지난 2016년 3월 1일, 나는 아내와 함께 다시 바탐방 교육원 공사 현장을 찾았다. 공사는 약 50% 정도가 진척된 상황이었다. 완성단계는 아직 아니었지만, 어느 정도 골격을 갖춘 건물을 보고 있자니 뜬금없이 눈물이 배어 나왔다. 공사에 필요한 후원금은 4~5차례에 걸쳐 송 선교사가 요청하면 교회를 통해 송금했다.

다시 6개월여의 시간이 흘러 공사가 완료되었다. 캄보디아 정부의 준공검사를 거쳐 드디어 2016년 9월 23일, 감격스러운 준공 기념행사를 하게 되었다. 나는 김동걸 목사와 송 선교사 그리고 아내, 후원회원들과 상의해 교육원의 명칭을 '수영교육원'으로 정했다. 이 명칭에는 '우수한 영재를 양성한다'라는 의미와 함께 내 이름인 김익수의 '수'자와 아내 유영숙의 '영'자를 따서 붙인 것이기도 했다.

'김익수 · 유영숙 캄보디아재단' 후원회원과 지인 등 30여 명과 함께 준공 기념행사 하루 전에 바탐방에 도착한 나와 아내는 완공된 3층 교육원을 돌아보며 감회에 젖어 들었다. 저녁에도 열기를 머금은 공기가 훅 끼치며 무더웠지만 마음만은 무척 상쾌했다.

이튿날 11시, 교육원에서 준공 기념식이 개최되었다. 한국에서 동행해 준 축하객 외에도 바탐방 교회 교인과 현지인들이 참석해 교육원의 앞날을 축복해 줬다. 특히 커팅식에는 우리나라 교육감에 해당하는 캄보디아 바탐방 교육청의 최고 책임자가 참석해 커팅을 하는 등 성황을 이뤘다. 나는 기념사를 통해 우리 부부가 교육원을 설립한 계기와 앞으로의 포부를 밝힌 뒤 교육원이 자립할 수 있을 때까지 물심양면으로 계속해 지원할 것을 약속했다.

바탐방 수영교육원은 건축 준공 후 2017년부터 유치원을 개원해 운영하기 시작했다. 다섯 살부터 취학 전 나이인 일곱 살까지 한 달 교육비로 10달러 그러니까 당시 우리 돈으로 약 1만 원 정도 원비를 받고 교육을 개시했던 것이다.

첫 학기에는 약 50여 명이 등록한 것을 시작으로 꾸준히 늘어 1년이 지나자 교육원생은 200명에 육박했다. 그 가운데 약 1/4인 50여 명 정도는 한 달 교육비인 만 원의 돈도 없는 절대 빈곤한 아이들이었다. 500달러면 월 50만 원 정도의 돈이었다. 그 정도면 충분히 지원해 줄 여력이 있었다. 내가 씨엠립 근처의 주유소에서 처음 봤던, 구걸하던 아이들과 처지가 비슷한 친구들이었다.

나는 그들의 원비도 부담하겠다고 송 선교사에게 흔쾌히 약속했다. 어릴 적 전쟁이 막 끝난 대한민국의 열악한 환경을 체험했던 나로서는 그 아이들을 그냥 두고 볼 수는 없었다. 그렇게 출발한 바탐방 수영교육원은 빈궁 속에서 허덕이는 지역 아이들이 누구나 찾아와 교육을 받을 수 있는 장(場)이 되었다.

더불어 후원회원들이 십시일반 갹출한 후원금과 물품 후원으로 아이들의 원복, 가방 등을 후원하면서 교육의 질과 환경을 개선하기도 했다. 예쁘고 고급스러운 원복은 바탐방 지역에서도 큰 주목을 받을 만큼 화제가 되기도 했다.

2017년 9월에는 수영교육원 교사 열한 명을 한국에 초청해 연수를 시켜줬다. 비행기표부터 숙박비와 식비, 국내 주요 관광지에 대한 관광 비용, 한국행 비자 수수료 등 약 1,500만 원을 들여 3박 5일간 한국 체험을 하게 한 것이다. 우선 교사들이 한국을 알아야 한다는 마음 때문이었다.

이후 수영교육원은 유치원을 주축으로 해서 컴퓨터 교실, 영어 및 음악 교실 등 개설해 다양한 프로그램을 운영하기 시작했으며 유치원생에서부터 청년 세대에 이르기까지 다양한 층의 학생을 대상으로 교육활동을 펼쳤다.

"경서를 가르치는 스승은 만나기 쉬우나 사람을 인도하는 스승은 만나기 어렵다."라고 중국 북송 대의 유학자이자 『자치통감(資治通鑑)』의 편저자인 사마광이 했던 말이 문득 기억났다. 나는 바탐방 교육원이 사람을 인도하는 학교로 자리하기를 간절히 원했다.

바탐방 수영교육원 개원 이후 지역에서도 큰 관심을 보이며 반응이 나쁘지 않았다. 바탐방 감리교회 인근에 사는 현지인들은 대부분이 불교도인데다가 중산층으로 자신들의 자녀를 공립 혹은 사립 유치원에 보내고 있는 상태였는데, 교육원 개원 후 소문을 듣고 찾아오는 경우가 많았다. 그만큼 좋은 소문이 난 것이다. 새로운 건물과 비품들, 잘 훈련된 수준 높은 교사와 헌신적인 교육에 높은 점수를 줬기에 가능했다.

그런 상황에서 나는 욕심이 생겼다. 캄보디아 아이들과 청년에게 한글을 가르치고 싶었던 것이다. 케이팝을 비롯해 한국문화가 전 세계를 휩쓸고 있는 현실에서 그들에게 한국어는 매우 매력적이라고 생각됐다.

송 선교사에게 그런 제안을 했더니 흔쾌히 수락했다. 나는 캄보디아 내 교사의 최고 수준의 급여를 주고 한국어 교사를 초빙해 아이들에게 한국어를 가르치도록 했다. 교육원에서 한국어를 배운 학생들이 나중에 한국에 와 한국문화도 체험하고 일자리도 얻는, 흐뭇하고 즐거운 꿈을 꾸며 나는 전폭적인 지원을 약속했다.

수영교육원 유치원은 해마다 원생이 늘어났다. 5~7세까지 나이별로 3개 반, 약 250여 명의 원생으로 가득한 유치원은 재정적으로도 자립할 수 있는 수준에까지 성장했다.

그런데 호사다마(好事多魔)라고 했던가. 그런 와중에 코로나가 터졌다. 2019년 250명에 이르렀던 교육원은 코로나19 팬데믹이 전 세계로 확산한 2020년 초반 전격적으로 폐쇄되기에 이르렀다. 캄보디아가

보건 역학적으로 의료 체계가 취약한 후진국이었기에 어쩔 수 없는 상황이었다. 코로나 기간 2년 6개월 동안 문을 닫을 수밖에 없었다.

1만 원, 2만 원씩 후원해 주는 후원회 조직도 무너지고, 먹고 살아야 할 교육원의 교사들도 새로운 직업을 찾아 뿔뿔이 흩어졌다. 인류의 일상은 코로나19 이전과 이후를 경계로 많은 것이 바뀌었다. 심지어 전문가들 사이에서는 코로나 발생 이전의 세상은 다시는 오지 않을 것이라는 비관적 전망을 하는 이들도 있었다. 만 3년 동안 굳게 문을 닫았던 수영교육원도 크게 다르지 않았다.

그러다가 2023년 봄, 송 선교사에게서 희소식이 날아들었다. 다시 원아를 받아 유치원을 연다는 것이다. 현지에서는 다시 현지인 교사를 뽑고 나는 나대로 후원회 조직을 재건해 힘닿는 데까지 도울 생각을 했다. 그렇게 다시 꿈과 희망을 현실 속에서 키워나가고 있다.

전 재산을 쾌척하다

바탐방 수영교육원의 설립 이후 나는 오래전부터 내가 키워온 꿈을 어떻게 더 확장해 우리 사회에 남길 수 있을까를 늘 고민했다. 어린 시절 지독한 가난과 궁핍으로 배움을 이어갈 수 없었던 내 경험은 지금까지도 큰 아픔과 상처로 남아있다. 돈이 없어 혹은 자신의 환경 때문에 공부를 포기하는 학생은 다시는 없어야겠다는 생각을 내가 오래전부터 가진 것도 다 그런 아픈 기억 때문일 것이다.

사실 멀고 먼 이국인 캄보디아에 학교를 세우고 피부색도 다른 아이들을 위해 후원하는 일에 색안경을 끼고 보는 이도 없지 않았다. 우리나라에도 잘 먹지 못하고 가정 형편 때문에 배우지 못하는 학생들도 많은데 굳이 캄보디아에까지 가서 도와야 하느냐며 볼멘소리를 하는 이도 있었다.

그렇지만 나는 캄보디아 아이들이 우선이라 생각했다. 우리 사회는 그나마 형편이 어려운 아이들 혹은 학생들을 도울 수 있는 제도적 기반이 훌륭하게 갖춰져 있기 때문이었다. 그러나 캄보디아를 비롯해 많은 후진국은 그런 시스템이 마련되어 있지 않기에 도움을 줄 수 있는 능력이 되면 누구라도 도와야 한다고 생각했다.

한국전쟁 이후 잿더미 속에 빠져 절망하고 있는 한국인들에게 도움의 손길을 내밀었던 것은 미국을 비롯한 형제국가들이었다. 당장 먹을 것, 입을 것 등 필요한 물품보다도 더 중요했던 것은 미래를 계획하고 꾸려나갈 교육의 기반을 마련해야 한다는 점이었다. 조선 조 말엽 개화기부터 미국 등 국가의 선교사들이 다른 것들에 우선해 학교를 세워 교육에 치중했던 이유도 그것만이 우리 자신의 역량을 키워 스스로 살아나갈 힘을 기르는 유일한 길이었기 때문이다.

당시 우리나라는 자체적으로 교육 시스템을 갖출 만큼의 역량이 없었다. 오로지 외국과 외국인의 도움으로 기본적인 교육적 토대를 구축할 수 있었고, 그 관성의 힘으로 미래를 개척해 나갈 수 있었던 것이었다.

우리나라와 같이 부존자원이 없는 국가로서는 인재를 양성해 다른 나라와 경쟁하는 것뿐이었다. 해방 후 우리나라가 최빈국인 시점에서 학교를 세우고 자식들을 공부시켰기에 오늘날 세계 10위 경제 규모를 가진 국가로 발전하게 된 것이다.

가난과 무지는 우리가 극복해야 할 '공공의 적'이라고 생각한다. 그것은 국가와 민족을 불문하고 모두 적용되는 문제일 것이다. 내가 캄보디아에 교육원을 세워 배움의 전당을 열었던 이유도 가난과 무지의 수렁 속에서 좌절하지 말고 이를 도전의 발판으로 삼아 열심히 노력해서 꿈을 이룰 수 있는 장(場)을 만들어 주기 위함이었다. 오직 공부를 통해 세상을 보는 눈을 키우고 시야를 넓히는 데 매진함으로써 캄보디아와 자기 민족을 위해 사용되는 큰 재목이 되기를 바랐다.

이는 우리나라, 우리 사회도 마찬가지일 것이다. 그런 상황에서 인생의 황혼기를 맞은 내가 할 수 있는 일이 무엇인지 진지하게 고민하게 되었다. 나름대로 성공한 기업인으로서 그리고 지역의 유지로서 국가와 사회 발전에 한 부분을 책임져야 한다는 사실, 즉 '노블레스 오블리주(noblesse oblige)'의 실천이 머리에 떠올랐다.

우리나라의 기부왕으로 알려진 유한양행의 유일한 박사가 삼성 창업주인 이병철 회장과 현대그룹의 정주영 회장보다 더 존경받는 기업인이라는 사실은 의미심장하다. 유일한 박사는 1971년 76세의 일기로 세상을 떠나면서 모든 재산을 공익 재단에 기부해 많은 이에게 감동을 줬다. 본인 재산의 90%를 기부했다는 철강왕 카네기도 '노블레스 오블리주'를 실천한 훌륭한 기업가였다.

나는 그렇게 훌륭한 기업가들의 발끝에도 따라갈 수 없는 처지였지만, 그래도 캄보디아 수영교육원 설립과 같은 노력을 통해 내 나름대로 키워온 꿈을 실천했다고 자부한다. 그런데도 나는 늘 허기가 졌다.

"오랫동안 내가 꿔왔던 꿈을 실현하기 위해 뭘 더 할 수 있을까? 이제 내 인생은 황혼기에 접어들었어. 의미 있는 일을 도모하고 정리하는 게 더 아름답지 않을까?"

성서의 '시편'에는 "인간의 연수(年數)가 칠십이요, 강건하면 팔십이라도 그 연수의 자랑은 수고와 슬픔뿐"이라고 기록되어 있는데 나는 칠십을 넘게 살았으니 보통 이상은 산 것이었다. 아직 아픈 곳은 없으니 팔십 이상도 살 수 있을 텐데 그 나이가 되기 전에 정말로 가치 있는 일을 남기고 싶었다.

그러한 고민은 오래가지 않았다. 마음의 결정을 내리고 아내와 상의했다. 아내도 흔쾌히 내 결정을 존중해 줬다. 너무나 고마웠고 그런 아내가 존경스러웠다.

2022년 8월 3일 오전 11시, 서울 마포구의 광산회관 4층 회의실에서 나는 '광산김씨' 대종회에 '유언공정증서'를 전달했다. 내가 죽은 후 나의 전 재산을 (재)광산김씨대종회장학문화재단에 유증(遺贈)한다는 내용이었다. 현재 내가 거주하고 있는 경기도 남양주 화도읍의 집 대지와 건물, 일대의 밭 등 530여 평, 시가 25억 원 상당의 부동산 전부가 그 대상이었다.

남양주 집은 내가 이혼 후 현재 아내와 살게 되면서 노후를 보낼 공간이라 생각하고 정성 들여 지은 집이었고 지금까지 살아오면서 많은 정이 든 곳이었다. 아내에게 나는 우리가 죽으면 이곳에 누가 와서 사는지 자주 얘기하곤 했다. 그러다가 2022년 음력 6월 19일, 내 생일에 기부하기로 전격적으로 결정했다. 아내가 내 생일 선물이라며 기부 의사에 동의해 준 것이다.

내가 전 재산을 대종회 기부한 이유는 돈이 없어 공부하지 못하는 학생들을 돕고 그들에게 미래의 꿈과 희망을 주기 위한 목적에서였다. 더불어 캄보디아 바탐방 수영교육원의 관리도 대종회에서 맡아주기를 바라는 마음에서였다.

내게는 아들이 하나 있지만, 그에게 재산을 물려주지는 않기로 했다. 나는 내가 땀 흘려 번 재산을 갖고 아들이 스스로 노력하지 않고 쉽게 살기를 바라지 않는다. 자식을 어떻게 키울지에 대해 혹은 관계 맺음에 대해 내가 가장 공감하는 바는, 예전 한 항공사의 TV 광고에도 소개됐던, 중국의 옛 성현인 노자(老子)의 말씀과 다르지 않았다.

'生之畜之 生而不有(자식을 낳아 기르되 소유하려 하지 마라.)'

옛날이나 현재나 자식을 낳아 키우면서 출세하는 것만을 최고의 가치로 삼고 모든 것을 쏟아붓는 부모의 그릇된 세태를 꼬집는 말이다. 특히 자녀들에게 자신의 재산을 물려주려는 부모들의 집착과 욕심은 곧 자식을 망치게 하는 요인이 될 것을 경계하는 말이기도 했다.

'마더 테레사 신드롬'이라는 게 있다고 한다. '사랑의 선교회'를 창설하고 평생을 가난한 이들을 위해 봉사한 가톨릭 수녀의 이름을 딴 것으로 다른 사람이 봉사하고 타인을 위해 희생하는 장면만 봐도 기분이 좋아지는 현상이다.

하물며 봉사와 희생을 실천하는 사람이야 그 기쁨과 뿌듯함은 오죽하겠는가. 그 기쁨의 차원은 이 세상에서 찾아볼 수 없는 무엇일 것이다. 우리 사회가 그런 기분을 느끼는 사회로 나아가야 한다. 내가 전 재산 기부를 결정한 것도 그런 기쁨의 참맛을 누구보다 잘 알 수 있게 되었기 때문이다.

더 큰 꿈을 향하여

천국과 지옥에 진수성찬의 밥상이 차려졌다. 그리고 아주 기다란 수저가 천국과 지옥에 있는 사람들에게 주어졌다. 그런데 천국에 있는 이들은 그 성찬을 맛있게 먹은 데 반해 지옥 사람들은 그렇지 못해 쫄쫄 굶었다.

그 이유는 딱 하나, 천국 사람들은 수저에 음식을 떠서 앞 사람 입에 넣어줬다. 앞 사람도 자신이 든 수저에 음식을 넣어 입에 건넸다. 반면 지옥에 있는 사람들은 음식을 자신의 입에 넣으려고만 했다. 수저가 길어 입에 음식이 들어갈 리 만무했다. 결국 지옥의 모든 주민은 굶어야 했다.

단순한 우화지만 우리에게 많은 깨달음을 주는 이야기다. 남을 돕지 않는 삶은 자신도 결국 굶어야 하는 인생이 될 수밖에 없다. 나는 어려서부터 이 단순하고도 오묘한 진리를 이해했다.

그래서 돈으로 남을 도울 수 없을 때는 몸을 움직여서라도 도우려 했고 경제적 부를 일궜을 때는 금력으로 돕기 위해 무진 애를 썼다. 내가 그렇게 해온 이유는 그런 삶의 방식이 남을 살리기 위한 것인 동시에 나도 사는 상생의 길이었기 때문이었다.

자수정 봉사센터와 라이온스 클럽 활동 같은 다양한 봉사의 전개와 캄보디아 바탐방 수영교육원 설립 등 후원이나 전 재산 기부는 어려운 환경에 처한 타인도 살리고 결국 내 삶도 의미 있게 가꾸는 것이다.

바탐방 수영교육원이 다시 교육사업을 재개하고 대종회 장학문화재단에 내 전 재산을 유언으로 증여하면서 나는 더 높고 큰 꿈을 꾸기 시작했다. 내가 뿌린 '선한 영향력'의 씨앗이 발아해 성장하면서 누구라도 그 아래에서 편안한 쉼을 얻을 수 있는 아름드리나무가 되길 바라는 것으로, 구체적으로 말하면 나의 바람이 실현되어 캄보디아에 대학이 설립되는 것이다.

우리나라의 명문 대학인 연세대학교는 1915년 3월 미국 북 장로회 선교사인 언더우드(H. G. Underwood)에 의해 YMCA 구내에 설립된 조선기독교 대학이 모체가 되어 오늘에 이르게 되었다.

내가 캄보디아 바탐방에 수영교육원을 설립하고 대종회에 전 재산을 희사해 앞으로 지속해서 후원을 할 수 있도록 한 것은 교육원이 모태가 되어 미래에 캄보디아판 연세대학교와 같은 명문 학교로 성장하기를 바라는 마음에서였다.

사실 돈만 던져주고 마는 것은 진정한 의미의 후원이나 기부는 아니라고 생각한다. 아예 금전적 기부를 하지 않는 것보다는 낫겠지만, 후원 후에도 적극적으로 관심을 두고 지켜보며 응원하는 일은 무엇보다 중요하다고 할 수 있다.

내가 몇 살까지 살 수 있을지는 잘 모르겠지만, 계속 후원하기도 어렵거니와 혼자서 하는 것보다는 여럿이서 나아가 큰 단체나 조직이 연속성을 갖고 후원이 이뤄진다면 내가 꿈꾸는 바도 더 빨리, 더 손쉽게 이뤄질 것이라고 확신한다. 전 재산 기증의 궁극적인 이유도 다 거기에 있다.

다시 한번 강조하지만, 내가 바라는 필생의 꿈은 내가 기부한 재산을 밑거름으로 해서 대종회가 추후 캄보디아에 대학을 설립하는 것이다. 광산김씨 대종회에 소속된 종중 회원이 자그마치 100만 명이 넘는다.

그중에는 교육사업에 뜻이 있는 분이 분명히 존재할 테고 나와 같은 마음으로 후학 양성에 진심인 분도 있을 것이다. 그분들을 중심으로 대학 설립에 대한 청사진이 만들어지면 더할 나위가 없겠다.

일례로 우리 대종회에는 항렬 상 나의 큰 형뻘 되시는 분이 계시는데 건양대학교 총장으로 재직하면서 캄보디아 프놈펜에 안과 병원을 지어 의료봉사를 이어가고 있다. 그런 분들과 함께 의기투합해 의료체계가 미비한 캄보디아에 의과대학을 설립할 수도 있을 것이다.

캄보디아에 대학을 설립한다는 꿈은 결코 허황한 꿈은 아니다.

2002년 한·일 월드컵 때 우리나라가 4강에 오르리라고 생각했던 이는 거의 없었다. 당시 '꿈은 이루어진다'라는 구호가 유행했는데, 꿈을 꿈으로만 생각지 않고 최선을 다해 준비한 결과 현실 속에서 실체를 만들어 낸 것이었다. 지금 우리가 누리고 있는 현실은 과거 누군가의 허황한 공상이 구체화한 것이다. 하늘을 날겠다는 말 같지도 않은 상상에서 출발해 비행기를 만들었다.

나의 삶 자체가 어떠한 환경과 역경 속에서도 꿈을 이룰 수 있다는 증표라고 나는 감히 자부할 수 있다. 더 높은 꿈을 향한 행보는 이미 시작됐다. 바탐방 수영교육원의 그 첫발이기 때문이다. 대종회가 내 꿈을 실현하는 기폭제로 자리하길 진심으로 바랄 뿐이다.

에필로그
꿈을 향한 열정은 길을 잃지 않는다.

　지금으로부터 꼭 60년 전인 1965년 초봄, 고향 양평을 떠나 처음 서울에 첫발을 내디뎠던 때가 문득 떠오른다. 집에서 나와 양수리까지 10㎞가 넘는 거리를 걸으며 많은 생각이 머리를 스쳤다.

　"언제 다시 고향으로 돌아올 수 있을까. 과연 성공을 이루고 금의환향할 수 있을까?"

　봄이었지만 아직 바람은 찼고, 아버지와 두 동생 등 고향 집에 남겨진 가족에 대해 미안함이 가슴 속에 차올라 더욱 몸은 움츠러들었다. 그렇게 버스를 타고 도착한 서울은, 내 생애 처음 보는 높고 삭막한 건물들 사이로 찬 바람이 쌩쌩 부는 낯섦, 그 자체였다.

한 치 앞도 보이지 않는 막막함 속에서 이전에는 경험해 보지 못했던 미래에 대한 두려움을 안고 나는 마음속으로 굳게 다짐했었다. 황량하고 건조한 사막처럼 느껴지는 거대한 도시 한가운데서 내면의 나와 새끼손가락을 걸고 굳은 약속을 했던 것이다.

'성공하기 전에 고향에 가지 않으리라. 절대 나 자신에 부끄럽게 살지 않으리라.'

그렇게 나는 내 인생의 성공기의 첫 장을 썼다. 이 세상에 공짜로 주어지는 성공은 결코 없다. 나는 서울에 올라와 한순간도 한눈팔지 않고 몸이 부서지도록 일하고 또 일했다. 밑바닥부터 시작했기 때문에 약자들의 설움과 아픔도 직접 체험했으며 그로 인해 사람과의 관계의 소중함, 인연의 중요성을 절실하게 체득했다.

운명처럼 운수업에 몸을 담그며 내 인생의 길을 정했고 업계 발전과 나의 성장을 위해 무수한 시간 들 속에서 성실의 탑을 쌓았다. 타고난 부지런함과 낙천적인 성격을 바탕으로 많은 이들을 내 사람으로 만들 수 있었고 인맥의 자원을 늘려갔다.

그렇게 열심히 살았던 삶에 대한 태도와 기준은, 서울에 처음 발을 내딛던 그 날의 다짐과 약속이 더 이른 시간에 훌륭한 결실을 얻게 만드는 원동력이 되었다.

오로지 목표만을 바라보고 그 목표의 성취만을 위해 도전하는 사람의 눈빛은 누구든 잘 알아볼 수 있게 강렬한 빛을 내게 마련이다. 목표를 성취하겠다는 의지와 자신감의 '아우라'가 눈으로 발산되기 때문이다. 내 젊은 날을 공유하고 있는 지인들은 종종 내게서 그런 눈빛을 발견했다고 내게 말해줬다. 그 눈빛이 지금의 나를 만들어 준 셈이다.

성공할 이유가 있어서 성공한 사람은 하나도 없다고 생각한다. 성공할 이유가 없음에도 성공한 것이다. 나 역시 마찬가지였다. 나는 지독히 가난했고, 사춘기 시절 어머니가 돌아가셨기에 사랑에 허기를 느꼈으며 아버지는 생계 때문에 밖으로 도실 때가 더 많았다. 고향 양평에서 나의 어린 시절과 사춘기 시절, 내 주위에 도사리고 있던 것은 좌절과 절망의 도사림뿐이었다.

혈혈단신 서울에 올라와 맨주먹으로 시작하면서 수많은 난관과 역경에 남몰래 골방에 숨어 울기도 많이 울었다. 15t 트럭의 차주가 되었다는 기쁨도 잠시 불행한 사고로 모든 것을 잃어 세상이 한 치 앞도 보이지 않는 암흑 속에 빠지기도 했다.

오랫동안 내 모든 걸 바쳐 일했던 회사가 부도나 알량한 책임감으로 뒷마무리를 해야 했고 첫 아내와의 불화로 이혼의 아픔을 겪기도 했다.

그럼에도 불구하고 나는 미래에 대한 희망과 꿈을 버리지 않고 버텼다. 그 무수한 실패와 고난이 성공의 에너지를 만드는 원천이었기 때문이다. 그렇게 오랫동안 나는 긍정의 힘, 낙관의 정신으로 성공을 일궈냈다.

그런 와중에도 나는 눈앞의 소소한 이익에 연연하거나 더 큰 성공을 위해 혹은 손해를 보지 않기 위해 반칙을 하거나 내가 만든 원칙과 기준을 어기는 어리석음을 범하지는 않았다. 지켜야 할 나와의 약속은 반드시 지키며 살아왔다고 자부한다. 내가 불리하더라도 원칙과 상식대로 사업을 이어왔으며 대의를 따라 살기 위해 매 순간 노력했다.

나는 그 누구보다도 더 열심히, 더 치열하게 살아왔다고 자신 있게 말할 수 있다. 현실적인 어려움과 역경이 밀려와도 이를 회피하거나 외면하지 않았다. 어차피 이겨내야 할 것들이었기에 그것들에 정면으로 부딪쳤고 결국은 극복해냈다. 그런 삶의 자세가 오늘날 나의 모습을 빚어냈다고 확신한다.

그러나 어느 순간 나는 그러한 사회적 성공과 그에 동반되는 부만으로는 내 삶의 성취가 완성된 것이 아니라는 자각에 이르게 되었다.

다이너마이트를 발명한 것으로 유명한 알프레드 노벨은 돈을 많이 번 성공적인 발명가이자 사업가였지만, 사람을 죽이는 무기를 만들었다는 이유로 많은 비난을 받기도 했다.

그런데 노벨이 그 단계에서 멈췄다면 그는 역사에서 살인 무기 발명가라는 오명을 가진 인물쯤으로 아니면 한때 큰 부를 이룬 기업가 정도로 기억됐을 것이다. 그러나 그는 전 재산을 기증하고 이를 바탕으로 노벨상을 제정했다. 알다시피 노벨상은 전 세계에서 가장 권위가 있는 상으로 모두가 받고 싶은 영광의 아이콘이 되었다. 그리고 노벨은 세상에서 가장 존경받는 부자 중 한 명으로 기억되고 있다.

IT의 상징으로 알려진 빌 게이츠도 마찬가지다. 마이크로소프트의 창업주인 그는 컴퓨터 운영체계를 독점하며 이 분야를 평정했다. 그와 경영진의 탐욕에 대해 많은 이들이 비난했고 회사는 곧 위기에 처하게 되었다.

그런 상황에서 빌 게이츠가 꺼낸 카드는 바로 기부였다. 재산의 절반 이상을 공익 재단에 내놓으며 그는 분위기를 반전시켰다. 그를 비난했던 사람들은 이전과 반대로 칭송하기 시작했다. 이제 빌 게이츠는 우리의 뇌리에 전 세계 재산 1위뿐만 아니라 기부 1위로 기억되고 있다.

위의 두 사람의 공통점은 바로 사회와 타인을 위한 일에 모든 것을 내던졌다는 사실이다. 돈이 많다고 부자가 아니라 다른 사람들에게 인정을 얻고 존경을 받을 수 있는 일을 행할 때 진정한 부자가 되는 법이다.

내가 사회적 성공을 이룬 이후 봉사활동을 전개하고 바탐방에 학교를 세우고 전 재산을 희사한 것도 이와 같은 맥락에서 한 일이었다. 내가 사업을 일구며 돈을 벌고 그로 인해 명예를 얻은 것은, 내가 잘해서, 내가 뛰어나서가 아니다. 이들은 사회로부터 받은 것이다. 그렇기에 그 일부를 사회에 돌려주는 것은 당연하다고 할 수 있다.

특히 나는 교육사업에 주목했던 것은 다 이유가 있다. 내가 어렸을 적 가난과 불우한 환경 때문에 배움에 대한 갈증이 컸기 때문이기도 했지만, 교육을 통해 우리나라가 최빈국에서 세계 10대 경제 대국이 되었듯, 인재 양성만이 최고로 투자 가치가 높은 일이기 때문이다.

이제 나는 일흔의 나이를 훨씬 넘어서 인생의 황혼기를 맞았다. 2020년 현재 한국인의 평균 수명이 83.2세라니 이를 기준으로 하면 어느덧 내 생애도 그리 오래 남지 않았다. 그러나 일에 대한 의욕과 타인을 위해 봉사하고 돕는 활동에 나는 20대 청춘과 비교해 절대 뒤지지 않는다고 자부한다. 사실 일을 하고 봉사하는 데 있어서 나이가 무슨 상관이 있단 말인가.

앞으로 나는 여력이 다하는 날까지 일하고 봉사할 생각이다. 그리고 바탐방 수영교육원을 계속해 후원하고 나아가 캄보디아에 대학을 세우는데 어떤 방식으로든 역할을 할 것이다. 아마도 내 생명이 다할 때까지 그런 활동은 계속될 것이다. 일에서는 어느 정도 은퇴했지만, 타인에 대한 봉사와 후원에서는 은퇴하지 않을 생각이다.

이 작은 책은, 1949년 6월 경기도 양평에서 세상과 첫 번째 눈 맞춤을 한 후 꿈을 향한 열정을 불태워온 내 75년의 기록이자 남은 내 삶의 시간을 더 치열하고 뜨겁게 살아가겠다는 나 자신과의 약속의 증표이기도 하다. 비록 적지 않은 것을 이루었고 또 이루고 있지만, 아직 이루지 못한 내 꿈을 향한 열정은 길을 잃지 않았다. 그 여정에 다시 한번 성원의 박수를 보내주길 바란다.

사진으로 보는
캄보디아 수명교육원 힘스토리

2014

2014. 12 건립지 탐방 및 최종 논의

2014. 12 교육원 건립지 탐방

2014. 12 캄보디아 공항

2014. 12
송진섭 선교사와 만나기 위해
캄보디아 프놈펜으로

2015

2015. 6. 8 캄보디아 바탐방 교육 센터 건축 계획안

2015. 6. 1 캄보디아 건물 건립 지원 협약서

2015. 8. 7
기공 예배를 주관하는
김동걸 목사

2015. 8. 7 기공 예배후 김동걸 목사 내외와 함께 기념촬영

Fwd: 바탐방 교육원 건축 결과 보고

보낸사람: 한종수 <jong.su.han@bukwang.co.kr>
받는사람: sun325@nate.com
보낸날짜: 2015년 11월 05일 07시 38분 54초

---------- 전달된 메시지 ----------
보낸사람: 송진섭 <kmccamb@hanmail.net>
날짜: 2015년 11월 3일 오후 10:35
제목: 바탐방 교육원 건축 결과 보고
받는사람: 한종수 <jong.su.han@bukwang.co.kr>, 꽝 <dong0895@hanmail.net>

김 익수, 유 영숙 회장님, 김 동걸 목사님과 한 종수 집사님께

그 동안도 평안하셨는지요?
가난한 캄보디아의 학생들에게 보다 나은 교육의 기회와 환경을 제공하고자 하는 깊은 뜻을 가지고 바탐방 교육원을 건축, 후원하여
주심에 깊은 감사를 드립니다.
지난 8월 7일 기공 예배 이후 착공되어 3개월이 지나고 있는데, 지금까지 은혜 가운데 건축 공사가 잘 진행되고 있음을 보고드립니다.
사진을 첨부하여 보내드립니다.
가장 시간과 재정이 많이 들어가는 기초 공사가 끝나고 며칠 전에 2층 바닥 콘크리트 타설 작업을 진행하였습니다.
계속해서 조석과 함께 3층 바닥 콘크리트 공사를 위한 준비 작업이 진행될 것입니다.

재정적인 상황은
지난 6월 19일에 44,987$를 후원하여 주셨습니다.
그리고 이번 10월 28일자로 43,977.99$가 입금되었습니다.
오늘 건축비로 50,000$를 지출하였고, 제가 5,805.79$를 잔액으로 가지고 있습니다.

어려우신 가운데서도 건축비를 후원하여 주심에 감사를 드리며, 계속해서 건축 공사가 차질없이 잘 진행될 수 있도록
기도해 주시면 감사하겠습니다.

송 진섭 선교사 올림.

2016

Fwd: Re: 바탐방 교육원 건축 결과 보고
보낸사람: 한종수 <jong.su.han@bukwang.co.kr>
받는사람: sun325@nate.com
보낸날짜: 2016년 01월 11일 16시 59분 39초

---------- 전달된 메시지 ----------
보낸사람: 송진섭 <kmccamb@hanmail.net>
날짜: 2016년 1월 9일 오후 5:04
제목: RE: 바탐방 교육원 건축 결과 보고
받는사람: 한종수 <jong.su.han@bukwang.co.kr>

한 집사님께

사진 몇 장 보내드렸습니다.
이제 2층 바닥 콘크리트 작업까지 마무리가 되었습니다. 지금까지의 공정이 시간과 노력이 많이 투입되는 부분이었고요. 앞으로는 좀더 속도있게 진행되리라 생각합니다.
건축은 문제없이 잘 진행되고 있습니다.
언제든지 방문하시면 환영입니다.
다만 일정을 미리 알려주셔서 초청을 하는 것이 필요합니다.
연락 기다리겠습니다.
송 진섭 선교사 드림.

Sent with DaumMail App

---------- 원본 메일 ----------
보낸사람: "한종수" <jong.su.han@bukwang.co.kr>
받는사람: '송민섭' <kmccamb@hanmail.net>
날짜: Tue Jan 05 07:52:25 GMT+07:00 2016
제목: RE: 바탐방 교육원 건축 결과 보고

목사님
새해 따님 및 장보다이 하나님을 섬기는 가정의 은혜가 충만하기를 기도합니다.

외송하지만
현재 진행 현황 및 사진을 메일로 전송 부탁 드리겠습니다.
감사합니다.

김익수회장/유영숙사장 2016년 2월 혹은 3월 방문을 계획하고 있습니다.

2016. 1. 11. 바탐방 교육원 건축 결과보고   2016. 3. 1. 공사 현장 방문

2016. 3. 공사가 50% 진행된 수영교육원 모습

9월 23일 준공 기념식

준공 기념식에 참가한 캄보디아 바탐방 교육감

준공 기념식에 참가한 캄보디아 바탐방 교육청 국장

김익수 회장, 유영숙 여사의 준공기념 테이프 커팅식

준공 기념식에 참가한 수영 캄보디아 재단 후원회 지인 30명

건립 기념사를 낭독하는 김익수 회장

2016

2016 건립 당시 선생님

기념식에 참가한 현지인들에게 식사대접

준공기념 예배

김익수 회장, 유영숙 여사 감사패 증정

준공기념 찬송

2016

바탐방 수영 교육원 현관

수영 교육원 시설을 살펴보는 많은 참가자들

수영 교육원 시설 01

수영 교육원 시설 02

수영 교육원 시설 03

수영 교육원 시설 04

수영 교육원 시설 05

수영 교육원 시설 06

수영 교육원 시설 08

수영 교육원 시설 07

수영 교육원 시설 09

수영 교육원 시설 10

수영 교육원 시설 11

수영 교육원 머릿돌

2017. 9. 23. 후원물품 전달식

2017. 3. 50명 원아 등록으로 개원 운영

2017. 9. 23. 원아복 등 후원품을 들고 한국에서 조직한 한캄후원회 방문

2017. 9. 23. 수영 교육원 교사들과 함께 기념촬영

2017. 9. 한국어 강좌 오픈 - 한국어 교사

2017. 9. 수영교육원 교사 10명 한국 초청 연수

2018

2018. 9. 8. 바탐방 수영 교육원 한국 후원회와 함께 2주년 방문

2018. 9. 8. 수영 후원회에서 후원한 원아복 및 가방

2019

2019. 11. 22. 수영 후원회에 등록한 서종초등학교 총동문회와 함께 방문

2019. 4세~6세 3개반 약 250명 등록, 신규 교사들

2020, 코로나로 인해 폐쇄

2023

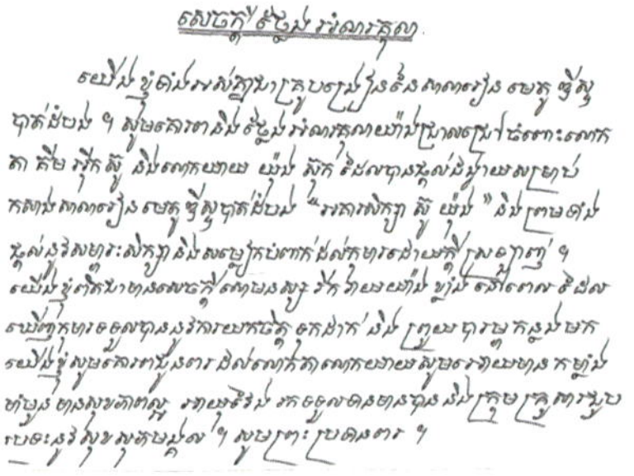

감사 편지

저희는 바탐방 수영 유치원에서 일하고 있는 선생님들입니다.
김익수, 유영숙 이사장님 내외분께서 수영교육원 건물을 건축할수 있도록 재정을 후원해주셨을 뿐만아니라 유치원의 교육자료와 원복등을 지원해 주신 그 사랑에 깊은 감사를 드립니다.
저희들은 두분께서 캄보디아 어린이들을 위한 깊은 애정과 관심을 알기에 너무나 감사드리고, 기쁘기도 합니다.
바라기는 두분께서 늘 건강하셔서 장수하시고, 가족 모든분들에게 행복이 넘쳐 나기를 기도합니다.
하나님의 축복이 함께 하기를 바랍니다.

2023. 3. 수영교육원에서 보내온 감사편지

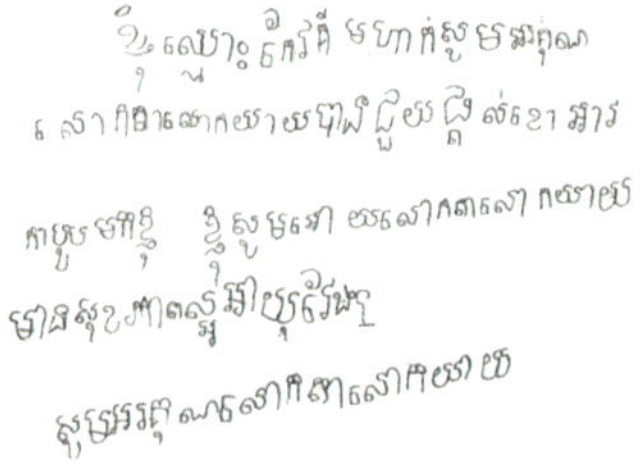

2023. 10. 50명으로 다시 개원한 수영 교육원

2024

2024. 2. 26. 수영 교육원의 지속적인 지원을 위해 광산김씨 대종회 후원인들과 함께 방문

2024. 2. 26. 수영 교육원 관계자들의 환영

2024. 2. 26. 수영 교육원 신규 교사들과 함께

2024. 2. 26. 지속적인 수영 교육원 지원을 약속하며, 송진섭 선교사, 쯔엉 목사와 함께

거친 길 위에서, 희망을 쓰다

평범하지만 평범하지 않은 이야기

초판 1쇄 2024년 4월 26일

지은이_ 김익수
펴낸곳_ 빈커뮤니케이션즈
주소_ 서울시 서대문구 연희맛로 32 도유빌딩 2층
문의_ T_ 02.3141.3648 F_02.3141.3637
홈페이지_ www.binc.co.kr
출판등록번호_ 312-2011-000037

값 20,000원   ISBN 978-89-967693-9-2

저작권법에 의해 한국 내에서 보호를 받는 저작물이므로 무단전재와 무단복제를 금합니다.
이 책 내용의 전부 또는 일부를 이용하려면 반드시 저작권자와 빈커뮤니케이션즈의 서면 동의를 받아야 합니다.

* 잘못된 책은 구입하신 곳에서 바꾸어 드립니다.